一小时搞懂 ESG
应对企业可持续发展管理的挑战

符 翀　叶律志　张 凯　编著

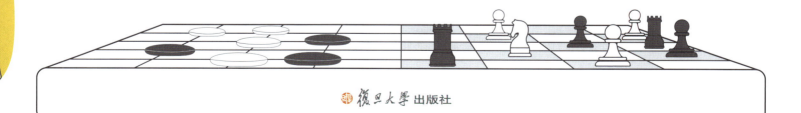

復旦大學出版社

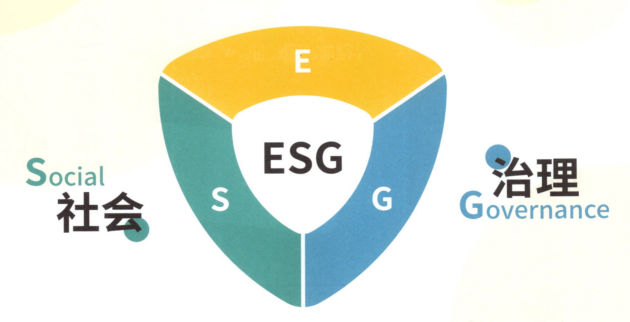

序言 Introduction

全球的 ESG 发展来到了一个崭新的阶段，由过去仅存在模糊定义的理念，发展到当下百家争鸣的标准和定义。企业高管、金融投资者、政策制定者、咨询专业人士、媒体和教育机构比以往更认真地对待这个问题。同时，ESG 也引发了市场日益增加的关注和讨论，有人对其持有怀疑及负面的立场，也有人期待它能为企业、股东、社会创造长期价值，贡献于可持续发展。

我们相信，对于社会、企业、个人而言，"可持续"发展都是既重要又紧迫的议题。这本书的目标是要帮助企业的 ESG 实践者更有效地落实相关举措，及时应对可持续发展管理的挑战，实现各阶段的发展目标。同时本书也为关注社会、企业、个人可持续发展的机构和个人提供一定的参考和借鉴。

ESG 作为一种新的管理理念，尤其在当下 ESG 处于发展的新阶段，许多管理实践层面的内容需要快速地迭代升级，将旧商业与新商业、职场"老炮"与新生代青年、旧规则与新规则连接起来。企业自上而下需要从 ESG 的角度进行一系列的改革，从董事会治理架构的加强，到 ESG 关键指标体系在运营层面的落实，在产品层和服务上的体现，以及全价值链的参与，都需要快速推进。无论是全球宏观经济增速的放缓，还是企业经营不可持续现象的出现，或新生代人才的涌现，无不提醒着企业需要重新审视自己的商业模式，而 ESG 则是关键的一环。我们需要连接企业内外部，关注宏观经济与主营业务发展的同时，也要思考在新形势下如何与多元的利益相关方沟通。唯有将 ESG 与企业管理各元素有机地结合，方能助力企业的可持续发展。

本书将以较为轻松的节奏带领大家走进新时代环境下的 ESG 管理实践，从第一人称的视角解读企业的管理者究竟该怎么去做 ESG 管理。这不是一本教材，更多的是一本实战攻略，带领大家从 ESG 管理的重要性、如何实践、案例分析，以及对未来的展望四大维度"亲身经历"一遍 ESG 实操的过程。本书也配备了 ESG 自测表和 ESG 信息指引等特色工具，旨在帮助大家更好地理解 ESG，并将 ESG 这一管理理念落地实践。我们相信，ESG 不仅可以使商业运行得更好，更有可能促成新的商业模式，为企业的可持续发展道路添砖加瓦，也为新生代的商业世界铺设更好的发展道路。

在本书的创作和出版过程中，特别感谢全体项目团队的贡献，如下表所示。

主要作者	符翀、叶律志、张凯
特别内容贡献者	张晖
BetterPartners 团队	叶律志、彭一然
长三角 ESG 与零碳研究院团队	符翀、卢皓荣、沈铭、沈苏蕾
紫竹社会责任联盟团队	陈琳、张凯、刘亚娟、高婕
Linkpact 团队	张凯、龙湛斐、丁茜茜、李子君、蔡佳琪、赵晨阳
其他贡献者	戴兆君、陈逸凡

ESG 的理论和管理实践正处在快速发展阶段，如何进行有效的 ESG 管理，打造企业可持续竞争力，也在不断探索中前行。限于时间和作者的水平，书中不足之处甚至错误在所难免，恳请广大读者批评指正。同时也欢迎将您所关注的 ESG 相关问题、思考和心得与我们分享，以便在本书再版时改进。

联系方式：卢皓荣　长三角 ESG 与零碳研究院
　　　　　LawrenceLu@Shanyo.net

编　者
2023 年世界环境日

专家推荐 Recommendation

紫竹国家高新技术产业开发区党委书记　骆山鹰

　　ESG 管理是目前企业面临的很大挑战，这本书能够帮助企业识别、管理并降低在环境、社会和公司治理方面的风险。在紫竹高新区日常引导企业践行 ESG 管理的过程中，这本书能很好地为企业指明可持续管理的方向，同时给予管理层更多执行措施的支持。书中甄选出了很好的案例，有助于企业打造管理链的韧性和竞争力，希望借此能影响更多企业参与 ESG 的全球浪潮，发挥集合影响力。

陈　琳　上海紫江公益基金会秘书长

　　作为一个公益基金会的负责人，我觉得这是一本优秀的理论与实操兼具的管理工具手册。我们日常工作中的利益相关方包括政府、企业、高校、NGO 等机构组织，ESG 理念与我们公益促进社会责任、环境保护和道德治理的价值观深度契合，也成了我们与各利益相关方之间沟通的一种共同语言。这本书讲解了如何通过关注 ESG，引导机构在社区和环境中产生积极影响，同时实现可持续经济增长，积极促成良好的经济环境。鼓励大家阅读这本书，以便更好地将 ESG 理念融入机构战略，不仅提高机构的社会和环境绩效，还为创造一个更美好的世界贡献力量。

全球报告倡议组织（GRI）董事　吕建中

　　可持续发展不仅仅是当今人类社会经济发展的重大议题，也是 21 世纪企业增长与发展所面临的关键挑战。企业的可持续发展，是在以创造社会价值和企业价值为目的的，不断创造新的技术、新的商业模式，乃至新的生态，进而实现美好商业目标的演化进程。在这个新的市场竞争的世界里，ESG 已成为最能体现一家公司核心竞争力与组织韧性的标准。然而商业社会对 ESG 的理解和实践活动才刚刚进入起步阶段。因此，十分迫切且有必要将 ESG 作为一种新的管理理念，加以重视和理解，并指导企业的战略和经营活动。

　　企业家们不仅仅需要在经营思维方面跟上时代的步伐，还需要在经营方针、管理方法论、实践体系和工具上有所变革。本书提供了帮助企业和企业家们为可持续商业思维和实践方法转型升级的实用性参考，并且内容丰富、图文并茂、通俗易懂，读起来有趣，容易找到在实践中进行 ESG 管理所需要的可参考的具体对标，帮助我们更好地理解 ESG，更好地将 ESG 理念落地实施。

　　衷心希望本书能带给我们有用的启发，从而促进企业在可持续发展的道路上行进得稳健，发展得健康，生存得长远；在创造企业价值的同时，产生推动社会进步与环境和谐的影响力和积极力量。

林宏浩　责任商业平台（Sedex）亚洲管理总经理

《一小时搞懂ESG》是一本非常平易近人的书籍，围绕企业当下ESG事务中遇到的常见棘手问题或者是"痛点"展开，从多元化的视角帮助读者了解ESG的重要性，随后系统地对ESG管理的几大核心要素如何实践与落地进行了分析与梳理，特别是提出了"利益相关方思考模型"，帮助企业从利益相关方的角度更全面地进行ESG管理。而对于国际与国内ESG趋势的分析，也为读者预见了未来企业在ESG管理中需要考虑的几个议题，比如，如何应对更加全面的监管机制，如何培养与留用ESG的相关人才，等等。不论对ESG管理实践有进一步了解需求的普通读者，还是对目前正在开展ESG工作的企业而言，相信都会从这本书中获得实用的收获。

耿雪松　新加坡管理大学李光前商学院副教授

我非常推荐这本关于中国企业如何实践ESG的书。作者以问题为导向，一步步引导读者理解企业在ESG实践方面的难点和解决之道。本书选取了一个独特的视角，以服务企业实操为目标，让读者仿佛在跟一位经验丰富的咨询顾问进行ESG课题的深刻探讨。书中内容切中要害而又深入浅出，理论严谨而又紧密结合实践。本书简单明了，特别适合公司的最高决策者阅读，因为它深入讨论了ESG如何为企业战略服务，以及如何在ESG领域为企业寻找新的商业机会和增长机会。在现今这个ESG炙手可热的时代，这个主题却经常让人感觉充满诱惑却无从下手，信息繁杂却仍让人充满疑惑，理论满天飞却缺乏实践指导。如果你有同样的感触，本书会证明它是一本非常有价值且非常值得一读的著作。

上海北欧创新与可持续发展中心主任　Heidi Berg

　　大多数企业的管理者可能都遇到过环境、社会和治理相关的问题。通过将这些问题作为潜在的价值驱动因素，本书对 ESG 管理进行了高度建设性的介绍，有利于企业的未来发展。ESG 管理既是为了降低风险，也是为了创造潜在的竞争优势。本书为那些希望以合规思维对待 ESG 的管理者提供了非常有价值的建议。ESG 是一个全球性的流行语，但管理者需要跳出表面，深入管理实践，从 ESG 相关概念中产生真正的价值。本书涵盖了从人才招聘到资本市场视角的相关领域介绍。那些认真对待 ESG 问题并将 ESG 管理嵌入整个组织的企业将成为未来的赢家。这是一本对那些希望获得先机的领导者来说非常有价值的实用指南。

甘君辉　红星美凯龙集团助理总裁

　　ESG 战略已经上升为国家层面的战略，也逐步成为众多中小企业弯道超车的重要工具。本书深入浅出地剖析了 ESG 战略的实践意义，比如在社会要素方面，提炼了企业与员工、顾客、产品质量甚至社区的紧密关联，更具创新性地从新生代的视角阐述了 ESG 的价值。本书以大量的企业数据作为事实依据，佐证了 ESG 是企业的可持续发展与利益相关方的命运共同体的坚实平台。最后，难能可贵的是，本书手把手地指导企业如何让 ESG 战略能够落地，成为企业可持续发展的源动力。极力推荐本书！

达飞轮船（中国）有限公司中国区 IT 及数字化总监　何　蕊

可持续发展的理念逐步被广大企业接受，但是关于什么是可持续发展，众说纷纭。在相当长的一段时间里，绿色、环保加社会公益是很多人对可持续性发展的片面理解。现今 ESG 理念的提出，构筑了企业进行可持续性管理的理论基础。然而在实践中，ESG 并未轻易地被纳入并成为企业自上而下管理体系的一部分，反而常常成为企业内各个组织或部门为争取资源而借用的理由，更有甚者，把各个部门的关键考核指标重新排列组合，当作企业 ESG 管理的全部。

这本《一小时搞懂 ESG》深入浅出地将复杂的理论娓娓道来，不仅仅教你怎么用 ESG 理论来武装自己，最有价值的地方是引导你怎么想，通过内嵌的诸多观点和案例分享，帮助我们建立自身的思考逻辑。这里的思考逻辑往往不是一蹴而就的结果，它是不断的尝试，然后总结、再改进、再尝试的结果。所以，对这本书，我们可以反复阅读，每次都会有新的感悟。通过不断的尝试，所获得的不仅仅是 ESG 理论本身，同时也提升企业的管理文化，并改变企业员工的行为，这种改变，往往是每个企业的管理者都可望而不可及的，但这本书让这种期待成为现实。

沈建文 亚洲影响力衡量与管理研究总中心主任

站在企业利益相关方角度来看，虽然已经有许多探讨 ESG 的书籍，但许多书籍说明太多的观念或理论，抑或缺乏针对在地化的实际需求设计，对企业或是创业家来说，常会有看完书籍仍不知从何下手的问题。此书的论述与架构则满足了企业对 ESG 实务操作手册的迫切需求，从战略、与利益相关方沟通、供应链管理、信息披露和传播、投资人关系的五大核心要素，让读者可以按部就班地导入 ESG 的管理实践，内文也配合许多量表、图表、文献与国内外案例，并汇整 ESG 未来的发展趋势与挑战，让实务操作者可以避免可见的潜在风险，也有可能在 ESG 的实战中找到更多的商业机会。

尽管 ESG 热门的原因大多还是来自企业降低风险和/或产生财务回报的动机，但通过此书的介绍，读者仍可以找到 ESG 的初衷，"知己知彼"地与利益相关方沟通，"以诚待人"地真实主动揭露成果，避免使 ESG 沦为营销或"洗绿"的工具，我想这也是 ESG 实务者必须时时提醒自己与组织的态度，而起心动念才能真正落实 ESG 对于人类与地球可持续发展的正向影响力。

中国太平洋保险集团 ESG 战略专员 **路培贤**

本书为中国企业和金融机构的高层和中层管理者提供了全面、可操作、符合中国市场实际的 ESG 管理指引，帮助管理者有效应对逐年增加的 ESG 监管要求，迅速将 ESG 融入企业管理并形成可持续竞争优势。新发展时代需要大量"ESG+各专业领域"的复合型管理人才，期待有更多人通过此书看到自己新的可能性，成长为新一代的 ESG 领袖。

郝景辉　　香港维健医药公司执行董事、CEO

"真香"警报，这本书是ESG"小白"的福音！

ESG这个词，之前听过、遇过很多次，但老实说，没怎么搞懂。直到最近，在北美飞往中国香港的国际航班上，我拿起这本设计精致的《一小时搞懂ESG：应对企业可持续发展管理的挑战》书稿，一眨眼工夫就读完了，感觉大开眼界！

确如书名所言，在短短一小时内，我深入了解了ESG的核心内容，受益匪浅。这本书以简洁明了的语言，为读者揭示了ESG对个人、企业和全球的重要意义，以及应对ESG挑战的有效方法。哈哈，这可是长途飞行时间的一小部分，真是闪电式学习啊，太适合日程繁忙的商务人士了！

作者的笔调活泼又风趣，让枯燥的ESG变得简单易懂。不仅解释了ESG是啥，对企业、社区和地球有啥影响，还教我们怎么应对挑战。ESG关乎企业的声誉、增长，甚至生存。所以，读者朋友们，一起行动吧！赶紧拿起这本书，让我们紧跟时代潮流，成为ESG专家，为自己和企业赢得可持续发展的未来！

复旦大学绿色金融研究中心执行主任　**李志青**

　　这是继《ESG 理论与实务》之后，符翀女士及其团队在 ESG 领域新出的又一本大作，如果说《ESG 理论与实务》的价值在于实现了从"零"到"一"的突破，那么本书的重要贡献则在于推动 ESG 从"一"走向"多"。正是简单而生动的语言，才足以使 ESG 走出学术理论研究的讲坛，步入更为广阔的市场大海，为企业、消费者和金融机构等市场主体所理解。在创造稳定绿色低碳发展预期的同时，创造更多的社会价值，助力经济社会的全面绿色转型和高质量发展。

祁恬田　中国欧盟商会上海分会可持续事业负责人，可持续商业大奖主理人

　　ESG？那必须听过也知道，相关的新闻、书和报告还真不少，就连"小红书"都有培训班，至于专不专业嘛，我们另说。而一小时就能搞懂的 ESG，你会想：这莫不是作者们忽悠我吧？相信我，这是一本类似家电使用说明书或者化学实验课操作手册一样的书，没有它，你的头绪万千，不知由何开始，脑子里莫不是一棵树，就是每个树枝上的所有内容。全书不仅有企业从业者"大咖"们详尽地给你梳理的 ESG 的知识点，还随赠了不少国内外公司案例，在为你打好基础的前提下，帮你剖析案例公司的 ESG 治理思路与实操，协助你"卫星定位"并摆正你目前所处的位置，对你可以触达的 ESG 内容有所认识，下一步就看你怎么入局—布局—破局了。ESG 随行的路上，大家一起做个有使命感的 Gen Z（overwhelmed but dedicated to fighting for a better tomorrow）。

目录 Contents

序言 1

专家推荐 3

致读者 13

一封关于 ESG 的邮件 14

把脉 ESG：我和我的企业准备好了吗？ 15

第一章　没有充分认知就无法有效实践 16

　　1.1　ESG 与我们紧密相关 18

　　1.2　践行 ESG 可以带来多元回报 21

　　1.3　ESG 是我们与新生代的交流语言 24

第二章　ESG 与企业可持续发展管理的结合 28

　　2.1　施行 ESG 的前提是 ESG 战略规划 31

　　2.2　加强与 ESG 利益相关方的沟通与互动 44

　　2.3　优秀的 ESG 在于企业全球本土化能力与供应链韧性 .. 48

　　2.4　公正公开地进行 ESG 信息披露和传播 54

　　2.5　投资者关系是连接企业内外部 ESG 利益相关方的关键环节 58

第三章　ESG 企业实例　　62

  3.1 海外 ESG 发展日趋成熟 ································ 64
  3.2 ESG 在国内蓬勃发展 ····································· 66

第四章　展望与思考　　72

  4.1 海外趋势 ·· 74
  4.2 国内趋势 ·· 81
  4.3 ESG 发展面临的挑战 ····································· 90
  4.4 总结 ··· 91

重要 ESG 信息指引　　94

主要参考文献　　96

主创团队简介　　99

主创人员简介　　102

致读者

这不是一本 ESG 教材！
这是一部关于企业如何在 ESG 时代，应对可持续管理挑战的实战攻略。

在这里，有来自 ESG 领域的研究学者，企业、金融与咨询机构的实践者，陪你绕过理论和标准的暗礁，为你定位 ESG 大潮下你的企业航向，与你商量如何招募适合的船员水手，探讨乘风破浪一起抵达彼岸的实操攻略，化繁为简，逐步解决企业在启动 ESG 工作时所面临的核心问题。

1.	知道悟道：如何通过充分认知 ESG 去指导有效实践？	第 1 章
2.	胸有成竹：是否有一个与业务相关的 ESG 战略规划？	第 2.1 节
3.	知己知彼：如何通过有效的利益相关方互动了解需求，输出价值？	第 2.2 节
4.	先利其器：如何让 ESG "变现"？	第 2.3 节
5.	以诚待人：如何让 ESG 从被动披露变为主动沟通？	第 2.4 节
6.	再开其源：面对投资者，ESG 是你的机会还是短板？	第 2.5 节
7.	他山之石：我们从海外 ESG 案例中可以了解到什么？	第 3 章
8.	大势所趋：国际上 ESG 不断演化对于中资企业意味着什么？	第 4.1 节
9.	先到先得：把握国内 ESG 发展时机，有哪些唾手可得的果实可摘？	第 4.2 节
10.	防微杜渐：未来 ESG 发展不可避免的共同挑战	第 4.3 节

一封关于 ESG 的邮件

晨曦洒在办公室的桌面上，让即将开始一周忙碌的我心情也"阳光"起来。习惯性地开始打开 Outlook，一封邮件引起了我的注意——"董事会对于上市前工作之补充要求——ESG 信息披露"的邮件，正文这样写道："鉴于近期监管方和投资人针对我司 ESG 绩效现状的问询事宜，请于本周五提交本行业 ESG 相关趋势和观察，以及对我们业务发展短期与中长期的潜在影响；于下周一向董事会汇报我司 ESG 管理及绩效现状，并评判披露的可行性和相关准备工作。此外，我们去年海外市场的业务遭遇一些来自社区和非政府组织的质疑，让我们 MSCI ESG[1] 的评级降到 B，请对接相关机构探讨评级提升计划。"

我问自己："时间紧迫，这些 ESG 方方面面的事，我该怎么办？"

---

[1] MSCI：此处指明晟公司，全称为 Morgan Stanley Capital International，是一家美国股票基金、收入型基金、对冲基金股价指数和股东权益投资组合分析工具提供商。此处特指 MSCI 的 ESG 评级。

把脉 ESG：
我和我的企业准备好了吗？

我让自己静下心来，先从自我评估和组织练习开始，分析企业对 ESG 的认知和实践现状，这会让我们接下来的相关工作更加聚焦且有针对性。

无论我和我的企业处于下述哪种境况，ESG 的时代已经来临。

我所在的企业 ESG 意识及落实程度如何？

勾选所有符合项　　　　　　　　　　　　按程度打分

项目	0	1	2	3	4	5
☐ 董事会及高级管理层对 ESG 的认知	0	1	2	3	4	5
☐ 一线员工、职能与业务部门对 ESG 的认知	0	1	2	3	4	5
☐ ESG 已经融入企业发展战略	0	1	2	3	4	5
☐ 董事会和管理层引入 ESG 负责制	0	1	2	3	4	5
☐ 企业设置专职 ESG 部门和 / 或岗位	0	1	2	3	4	5
☐ 企业已经开展 ESG 披露	0	1	2	3	4	5
☐ 企业 ESG 评级表现（低—高）	0	1	2	3	4	5
☐ 企业行业监管打分（低—高）	0	1	2	3	4	5
☐ ESG 对业务影响程度（低—高）	0	1	2	3	4	5

0　不了解 / 没实操过 ESG

1　了解概念 / 观望下一步

2　有一定认知 / 应客户或监管要求初试 ESG

3　深度理解 / 将 ESG 纳入企业战略与核心职能

4　积极倡导并引领 ESG 理念 / ESG 成为推动业务的主动力

5　参与全球 ESG 对话 / 通过 ESG 引发新市场机遇和需求

将上面的积分叠加，看看你准备好迎接 ESG 了吗？

☐ 分数总和 0—9　　　Hmm，我和我的管理层要尽快了解 ESG 了

☐ 分数总和 10—26　　Well，我和我的管理层要加强 ESG 学习与管理了

☐ 分数总和 27 以上　Congrats，我和我的管理层开始 ESG 入局和布局了

第一章

　　无论是职场"小白",还是商界"老炮",我们想在商业领域进一步发展的时候,就会发现 ESG 是个无法避开的话题。从"双碳"目标到共同富裕,从企业治理到投融资决策,从新生代员工交流到客户和监管方的期望回应,ESG 早已渗透在商业活动的方方面面。企业践行 ESG 能产生巨大的潜在回报。董事会和管理层对此如果没有充分认知和支持,企业就很难有效贯彻和践行 ESG 相关策略与工作。

没有充分认知就无法有效实践

1.1 ESG 与我们紧密相关

ESG 链接每一位利益相关方

ESG 目前是商业社会中最为热门的话题之一，其主要核心便是关注企业在环境、社会、企业治理三方面的管理表现。企业可以依照 ESG 来进行管理发展，投资者可以通过 ESG 框架来进行投资考量，监管方可以从 ESG 角度进行约束限制。

随着社会不断发展，商业理念也同样在不断发展优化，过去企业可能更关注股东价值，当下 ESG 则提倡**更关注利益相关方**。虽然尚无官方定义，利益相关方可以基本概括为：股东、员工、债权人、消费者、供应商、社区、政府和其他组织[2]。这些是一个企业得以在商业社会生存的基石，而早在 1963 年，斯坦福研究所（SRI）便提出"如果没有利益相关方的支持，企业这个群体将不复存在"[3]。由此可见，ESG 是让一个企业真正成为一个企业的关键，而"利益相关方模型"则是这一切的基石之一。

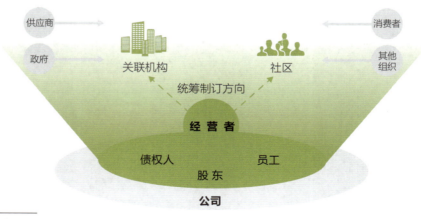

---

[2] 李志青，符翀. ESG 理论与实务 [M]. 上海：复旦大学出版社，2021.
[3] Freeman R. Edward, Liedtka Jeanne. Corporate social responsibility: A critical approach[J]. Business Horizons, 1991, 34(4): 92-98.

ESG强调企业不仅要关注财务绩效，也要从环境、社会及治理角度衡量企业价值，使企业履行社会责任的表现可量化、可比较，并可持续改善。ESG议题的设置，在极大程度上考量了企业在经营过程中可能面临的与自身效益直接挂钩的因素。

近年来，我们越来越直观地感受到全球ESG相关风险对商业与投资的影响加剧。这些风险不仅来自极端天气带来的区域性环境与农业风险，也来自企业在生产运营过程中涉及的一系列道德合规问题、环境治理问题、生物多样性问题、劳工问题，以及2020年以来"新冠"疫情对全球供应链和民生的冲击。对于跨国企业来说，其全球供应链上任意节点的失误，都会造成其整体业务的动荡，例如，一段带有歧视性的广告视频会遭遇消费者的抵制，某地区可持续发展或者ESG法规条例的出台也许会颠覆其现有的业务运行规则。

无论上市还是非上市公司，ESG 对企业的影响已经产生

我们看到，投资者已经从传统的单纯追求财务回报，到把 ESG 作为风险规避考量纳入投资决策，进而采用更加积极主动、关注可持续发展议题、追求社会影响力的角度来推动商业向善，实现义利并举。

近几年，ESG 的飞速发展和获得不同利益相关方的推崇，一方面是得益于过去十几年 CSR（Corporate Social Responsibility，企业社会责任）和公益事业的蓬勃发展，推动了社会整体可持续发展意识的启蒙；另一方面，由于不断恶化的气候环境和全球风险因素的进一步加剧，让全社会对企业产生更大的期望和信任，也提出了更高的要求。

站在 2023 年的今天，回顾 ESG 在全球的发展进程，这些转变令人印象深刻。

监管层面

各大洲不断推出新的规章制度，监管机构推动 ESG 信息强制披露通常采用渐进式原则，逐步扩大强制披露的影响范围。以亚太地区为例，ESG 信息披露监管趋向强制化与半强制化，对上市企业全面强制要求披露 ESG 报告的有中国香港、马来西亚、新加坡等；要求部分上市企业披露 ESG 报告的有中国大陆、韩国、印度等

评级层面

从 1990 年推出的第一个 MSCI KLD400 社会指数[4]，到如今仅 MSCI 一家就推出了 1 500 多个专门构建的 ESG 指数，相关 ESG 评级业务也从最初的一两家，经过大量的并购重组成为了如今全球主流评级机构的核心业务

规模层面

全球 ESG 投资的资产管理规模从 2012 年初的 13.20 万亿美元增加至 2020 年初的 35.30 万亿美元，年复合增长率 13.02%[5]

---

[4] MSCI KLD400 社会指数：由明晟公司和美国 KLD 公司一同创立的社会责任指数。
[5] 数据来自全球可持续投资联盟，https://finance.sina.com.cn/esg/investment/2021-09-18/doc-iktzqtyt6717617.shtml。

1.2 践行 ESG 可以带来多元回报

ESG 可以带来价值发现

仅仅知道 ESG 产生的影响还不够，企业践行 ESG 还会带来多重的商业价值。

进一步深挖旧有市场

核心价值	案例
巩固旧客户	以宜家为例，通过不断优化自身的产品以面对新时代消费者对于 ESG 的需求，并且通过不断改善社群所在的环境，使品牌印象在每一位社群伙伴心中得到进一步加深
挖掘旧客户的新需求	以万科为例，房地产企业单纯靠卖房保持高速发展是不可持续的。为更好地服务客户，设立首席客户官，加大其社会影响力以更进一步触达客户需求，则是其发现新价值的关键。而 ESG 层面的管理为企业提供了一个进一步深挖旧有市场价值的机会

积极探索外部市场

价值延伸	案例分享
拓宽传统业务新市场	传统业务的新市场拓宽在宜家的案例上亦有体现，通过进军光伏行业，推出家用太阳能板以帮助消费者实现低碳生活的目标，这些旧有业务的拓展在 ESG 的维度上为企业创造出了源源不断的新价值
新业务投资带来的新价值	从新业务投资的角度，亚马逊则是其中一个典范。AWS（Amazon Web Services）业务推出的本身，就是为了实现企业的可持续发展。由于电商业务逐步增加的计算量，企业不得不建立元计算系统以维持企业业务的可持续发展。与此同时，亚马逊正在能源领域持续进行投资。在这个能源转型的年代，亚马逊以超前的眼光，未雨绸缪，致力于提前解决未来的问题，其提前的布局也将为企业的未来贡献更多的价值。在其众多投资项目中，Rivian[6] 已成为新兴"独角兽"之一，在未来伴随着其发展壮大，将会有更多的价值回馈到企业

---

[6] Rivian 是专注于户外、越野、环保的高端纯电动皮卡 /SUV 的美国车企，参见 https://rivian.com/。

ESG 可以带来风险管理回报

我们可能还会担心的一个问题，即企业如果过去过度追求盈利而忽视 ESG，那么目前来自各利益相关方的 ESG 相关诉求，会将过往的一些风险事件暴露给公众，给企业带来风险，因此，企业要么选择"躺平"的策略，要么也只是做做样子——"你懂的"。《南方周末》中国企业社会责任研究中心智库专家、暨南大学管理学院沈洪涛教授的研究表明，ESG 风险越高的企业，其股票回报率越低，股价波动性也越大。因此，如果我们能完善 ESG 风险管理流程，并加强 ESG 风险的预防和控制，将带给股东更大的回报[7]。

来自欧洲企业治理中心的研究表明：ESG 信息的强制披露能降低企业在 ESG 方面风险发生的频次，并降低因此而发生的股价波动，尤其在此类信息的强制披露是由政府机构推出的情况下[8]。从这一层面来看，加强 ESG 管理对于上市企业的经营是有益而无害的，且可以推动企业的可持续发展，增强其韧性。

---

[7] http://www.infzm.com/wap/#/content/225609.
[8] https://ssrn.com/abstract=38327455.

1.3　ESG 是我们与新生代的交流语言

未来的消费者很在意 ESG

哈佛大学肯尼迪政府学院在 2021 年春季进行了一项针对新生代年轻人的民调，其中重点调查了 Gen Z（Z 世代）自身奋斗动力的来源以及对于未来的展望。最后根据民调结果概括总结出了当下这代人的特征——"不知所措，但致力于为更好的明天而奋斗"（overwhelmed but dedicated to fighting for a better tomorrow）[9]。其中奋斗的目标包括应对气候变化、人权平等、更公正与透明的治理制度等，而这也与当下的 ESG 趋势不谋而合。

我们发现，新生代的消费者对 ESG 的重视程度日益提升，其价值观、掌握知识的能力、支持环保可持续的消费观等，都推动着 ESG 的进一步发展。年轻人喜欢购买环保低碳产品，年轻人可能会因为某些企业的社会或者企业治理问题而拒绝其产品。作为新生代消费者，同时作为再下一代消费者的养育者，关注他们也就是关注我们的未来。新生代对于 ESG 理念的理解、接纳与实践，也推动着社会各行各业向更高质量的方向发展，作为企业，我们应该迎接这一新的机遇与挑战。

---

[9] https://iop.harvard.edu/forum/harvard-youth-poll-spotlight-gen-z-%E2%80%94-overwhelmed-dedicated-fighting-better-tomorrow.

以国内年轻时尚品牌好瓶（HowBottle）为例，其专注于将塑料垃圾回收并循环利用，他们从供应链的源头对可持续材料进行回收，之后将塑料瓶清洁、切片、抽丝，并做成好看且实用的包包、外套、雨具等，甚至把回收的航天垃圾做成了时尚个性的饰品。这一将ESG理念嵌入全生产周期的产品也成功地吸引了众多新生代的消费者为其买单。同时，好瓶与可口可乐、壹基金联名做了一款"24包"，包体由从24个废弃塑料瓶中提取的rPET材料制成，同时以一块地震救灾用的帐篷布作为装饰。一经推出，"24包"就大获好评，并成为支持环保理念的年轻族群追逐的时尚单品。"24包"在2018年淘宝创意节和戛纳国际创意节上展出，还被选为"改变人生的40件中国好设计"之一，被红点设计博物馆收藏。

新生代与ESG之间的联系

	特点	原因
E	关注办公环境、企业生产环境，具有可持续发展理念	• 出生环境大多较上一代更为优渥，接受过更好的教育，工作薪酬等最底层的物质需求已不再是这一批新生代占绝对比重的考量因素； • 对可持续发展的关注，对万物的好奇
S	成长于互联网时代，性格率真，敢于发表观点	• 由于和互联网共生的关系，新生代在年少阶段拥有更多的与社会交流的机会，并且能够在互联网上发表自己的想法； • 从小与社会接触更多，率真的新生代不仅会在网络上发表观点，现实生活中也会主动远离有不良社会影响的企业
G	不愿内耗，热爱公开讨论，追求平等	• 接受过更高等的教育，更具独立意识，有独立思考能力

招募新生代 ESG 人才

企业运营需要源源不断地引入优秀人才。目前，有不少企业开始通过不同形式探索新生代 ESG 人才招募，希望能更好地吸引新生代，为企业未来可持续发展奠定基础。其形式大致可以分为以下三类。

1

企业与 ESG 领域的机构（包括非营利组织、学术机构等）进行合作，举办针对新生代的 ESG 培训计划，创造 ESG 实践机会的同时，可为企业对接适合的 ESG 人才。以美国环保协会（Environmental Defense Fund, EDF）"气候拓新者"项目为例，自 2014 年以来，气候拓新者中国项目已输送了 160 多名实习生到超过 40 家跨国公司和本土企业实习，其中包括苹果、麦当劳、宜家、沃尔玛、比亚迪等一批行业领先的企业。这些优秀的实习生已帮助参与项目的企业及其供应链识别出价值数千万美元的节能减排机会。[10]

2

企业资助 ESG 培训项目，为企业输送 ESG 人才，不仅为企业内部能力建设打好基础，而且可提高企业声誉，增强与社区的联系。例如，领展（LINK）资助 ESG 领袖培训计划，项目集中培养学生的环境、社会和管治（ESG）知识和绿色技能，透过绿领课堂、高峰会、为商户设计 ESG 方案、社区实习等活动培训青年成为可持续发展领袖。该计划亦设有社区参与活动，鼓励公众学习 ESG，学以致用，实践可持续生活。[11]

3

企业举办 ESG 创新大赛，引导新生代重视所学知识与产业发展、社会进步相结合，激发新生代对 ESG 的兴趣，为企业所面临的 ESG 挑战提供创新的解决方案。花旗银行设立"花旗挑战"大赛，需要参赛团队为花旗的销售团队制作针对该企业的 ESG 融资方案，提供强有力的数据支持，成为花旗整个 ESG 产品链路的重要环节。[12]

目前，对于企业需要推进 ESG 管理改革已达成多方共识，未来也将涌现一大批 ESG 专业人才，与当前这批"兼职 ESG 从业者"形成竞争。ESG 已不仅仅是我们需要思考的转型问题，而且未来的商业机会也蕴含其中。

---

[10] https://business.edf.org/categories/climate-corps/become-a-fellow/xue-sheng-shen-qing-zhe.

[11] https://www.linkreit.com/tc/about-us/community/link-together-initiatives/esg-leadership-training-programme-2022.

[12] https://www.citigroup.com/china/csts/EducationProgram/AboutEducation_CFCcn.html.

第二章

ESG 不应停留在理论和讨论层面,需要实现其商业价值!这将为企业可持续发展开启管理新思路。通过一个自上而下的框架,从 ESG 战略规划出发,逐步延伸到各个利益相关方,打造一个全面的 ESG 管理架构。与此同时,如何链接每一个利益相关方,不仅是出于纯粹的商业利益的考量,同时也需要考虑"人和"的因素。此外,中国 ESG 发展升级要以国际化为标,本土化为本,这些都是我们在 ESG 实践中需要密切关注的。

ESG 与企业可持续发展管理的结合

当你决定启动公司的 ESG 工作时，问题就接踵而来……

- 启动 ESG 的"最佳时机"？
- 从哪里开始入手做？
- 谁能来做？
- 怎么做？
- 要花多少钱来做？
- 要花多久才能做出效果？
- 做到什么程度才算好？

当解决了以上问题后，我们还需要思考落地执行的问题。

此刻请你代入企业中枢大脑的角色，根据以下参考，在方框内做一个简单的思路梳理，告诉我们为什么这么做。

- 谁也不请，花点钱找第三方写份 ESG 报告？
- 空降一位资深 ESG 专家运筹帷幄？
- 转岗或招聘一位 ESG 经理落地项目？
- 委派一位高管主持大局？

2.1 施行 ESG 的前提是 ESG 战略规划

不论是作为企业管理层或是关键执行者，都应该深入认知企业 ESG 战略的必要性，并自上而下、由内而外地进行 ESG 战略规划

既然知道 ESG 管理对于企业目前的商业运营和发展如此重要，那我们有什么理由不立即行动起来呢？纵观中外，有一句话永不过时——知易行难。

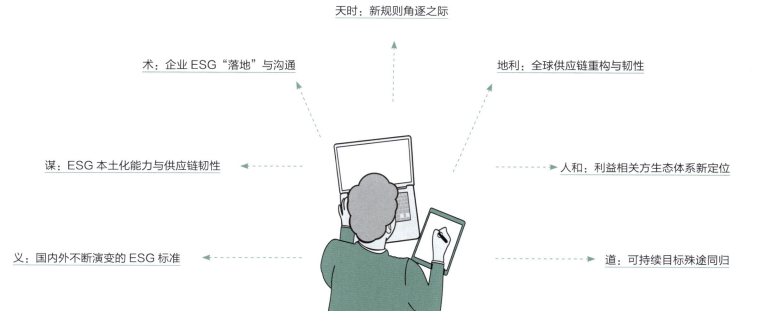

- 天时：新规则角逐之际
- 术：企业ESG"落地"与沟通
- 地利：全球供应链重构与韧性
- 谋：ESG本土化能力与供应链韧性
- 人和：利益相关方生态体系新定位
- 义：国内外不断演变的ESG标准
- 道：可持续目标殊途同归

我们常常把商场比作棋局，能够开始考虑和应对 ESG 潮流的企业经营和管理者，本身已经是高段位的棋手了，ESG 的重要性已经毋庸置疑，但是 ESG 真正落地的紧迫感和执行力问题，往往是摆在我们面前的第一道坎。作为企业经营和管理者，我们需要放下所熟悉和擅长的传统商业思维和逻辑。衡量所谓"胜利"的指标不只是销售的成功、商场上的攻城略地，而是在追求商业成就的过程中，有没有率领着"仁义之师"共同踏上一条可持续的商业征途。

我们作为企业经营和管理者，在决定推动 ESG 工作的时候，既面临着来自外界利益相关方的压力，又有来自资本市场的推动力。因此，ESG 执行的问题不应该从"如何做"入手，而应从"为何做"开始。之所以产生执行上的疑问，很大程度上是因为没有从战略规划层面把企业面临的一些现实挑战，即"表层痛点"，和这些挑战背后的问题根源看清楚。

如果我们换个方式来对自己提问并找到答案，那么，执行问题自然就迎刃而解：

- 如果企业有承诺和坚守的长期愿景，这份初心是否真正能够融入企业治理和业务运营中？
- 如何在追求业务增长与扩张（求快）和基于理念与愿景的可持续发展原则（求稳）之间实现节奏配合与利益平衡？
- 在治理层面，如何确保从管理层、中层到员工，从集团总部到海外分支，实现可持续发展战略的落地？
- 如何实现有效的利益相关方沟通和参与，从而获得必要的认可与支持？
- 如何在海外市场跨文化、跨标准的背景下，识别出符合当地情况的环境、社会议题并进行有效的管理，将其融入企业总部的整体 ESG 管理框架中？

因此，有认知、有针对性、有目标的企业 ESG 战略规划尤为重要。

第二章 ESG 与企业可持续发展管理的结合

问题：（国内/海外）监管机构制裁与处罚　消费者群体抵制行动　媒体负面报道　非政府组织机构抵制行动　员工抗议与罢工　投资者与评估机构"差评"

议题：反腐败　数据安全　透明披露　隐私保护　反垄断　公司治理与合规　多元、平等与包容　气候变化　生物多样性　环境污染　循环与可再生

在商言商 To Be, or NOT to Be.

超越商业 There Is NO Plan B.

- **传播**：如何在本土和海外市场，对内外部关键利益相关方进行有效的沟通并得到认可？
- **治理**：如何在管理层、中层和员工之间，集团总部与海外分支之间让可持续发展战略落地？
- **战略**：是否可以在业务（求快）与可持续发展（求稳）之间实现节奏配合与利益平衡？
- **愿景**：是否融入机构治理和业务运营中？

ESG 战略规划的三要素

从实操角度，ESG 从规划到落地，是一个自上而下的过程。对于 ESG 的执行，企业经营和管理者作为企业的中枢大脑，不是急于去考虑是否要空降一位资深 ESG 专家运筹帷幄，或是找个外部机构写份 ESG 报告，而是要先与管理层在一起，对 ESG 话题做一次充分的需求认知讨论，深刻理解 ESG 的发展趋势给企业发展带来的挑战和机遇。

第一步：自我认知——企业 ESG 执行的四种状态

ESG 的执行取决于知己知彼的深度和广度，我们可以称之为企业的 ESG "现成度"或成熟度（ESG readiness or maturity）。当下大部分企业的 ESG 现状基本上可以分成四类。

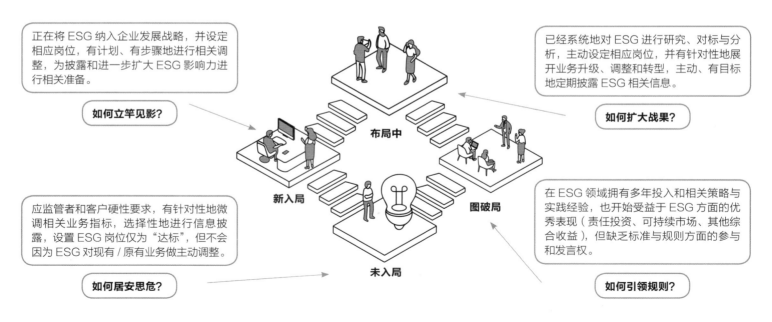

第二章　ESG 与企业可持续发展管理的结合

未入局，要居安思危

我们先举个简单的例子。假如我的企业处在某个行业全球价值链的上游，某天收到客户发过来的关于 ESG 的绩效披露调查问卷，我该怎么做？这时候，有些企业可能的选择是——好，客户第一，客户要什么，我们给就是了。开个情况确认会，搞清楚客户需求，然后挨个敲门，找企业相关部门要数据，凑得八九不离十交上去了事。

这种"无知者无畏"的行为往往会对企业造成潜在的业务影响和冲击，即便不会在第一时间显现，但一旦影响造成，挽回局面的难度和成本都会给企业带来比较大的挑战。因此，还在 ESG 门外徘徊犹豫的企业要有居安思危的意识。当然，每家企业都有自己的判断，无论是不是要启动有关 ESG 的实质性工作，至少可以开始有一些前瞻性的思考和探讨，做到心里有数，未雨绸缪。

新入局，要立竿见影，也要脚踏实地

对于刚开始把 ESG 工作纳入企业发展战略的经营者，要重点关注重要且紧迫及与现有业务相关性高的 ESG 议题。把握国内外政策标准发展节奏，留意各利益相关方（如投资者和客户）的关注重点，从风险管控角度推动 ESG 工作步入正轨。

新入局的企业在 ESG 初级阶段要把长期策略细分为一个个的阶段优先级任务，明确方向和目标，集中人力物力，努力做到立竿见影，实现"快速变现"。但要注意这里的"快"不代表"浮"。比如某些企业为满足客户 ESG 要求，简单粗暴地将供应链部门的某个经理岗位改名为 ESG 经理，以获得更高分数评级来保住业务。这种短平快的应对策略在短期可能会起到一定的作用，但其同时带来了巨大隐患。这种"新瓶装旧酒"的策略会带来一种假象，认为"其实 ESG 也不过如此，很容易蒙混过关啊"。这种错误认知会让我们错过企业在这些与自己相关度最高、最紧迫的 ESG 议题上的整改与提升，错过变革的最佳时机。

布局中，要扩大战果

目前有不少中国企业已经开始布局 ESG。一方面，是来自企业自身可持续发展的需求，另一方面，则是来自海外市场的客户和监管者的要求。这类企业可能需要考虑的是如何扩大战果，变被动为主动。让 ESG 工作从本土远程遥控到海外落地扎根，从被动披露转向主动沟通，从"逆来顺受"到"讨价还价"，让自己成为真正的"局内人"，减少海外单向政策规定对企业运营和发展带来的冲击和影响，通过参与规则制定与讨论，不断扩大之前取得的商业成功和社会影响力战果。

图破局，要积极参与全球治理并引领规则

对于一些已经在全球布局并拥有优秀 ESG 绩效表现的中国企业，可以思考如何通过构建全球利益相关方生态体系，让中国的 ESG 优势和影响力，既要在国内"叫好"，也要在海外"叫座"。前者是如何让中资企业在 ESG 领域的知识、资源和经验积累转换成支持推动国内相关政策发展的强有力内援。后者，则是让中资企业更积极地寻找和把握更多海外市场机会和渠道。让中国标准与海外标准兼容并举，让中资企业的运营适应并融入海外政策环境中，并积极参与国际 ESG 治理和政策标准开发制定过程，分享中国企业最佳实践，提出中国企业的诉求，为打造包括中国在内的更多发展中国家价值理念的全球包容与可持续发展新环境进行积极发声和倡导。

第二步：需求层次——从无头绪中找到切入点

谈到执行，我们可能首先想到的是目标、指标、流程等，但企业经营和管理者首先考虑的则是生存发展、风险规避、保证企业竞争力和品牌价值等议题。因此，本书引用马斯洛需求层次理论，从 ESG 对企业不同阶段发展需求产生的影响和互动切入，为处于不同阶段的企业 ESG 执行提供参考思路。

目前国内关于 ESG 的讨论往往会强调其投入的长期性，却鲜有提及其时效性。这是因为 ESG 作为舶来品，在中国还处在发展的初级阶段，海外标准在本地的兼容性和适用度还在探索过程中。因此，国内还没有形成全面的 ESG 数据与案例来为企业带来更多高价值参考。我们建议，企业可以按照两个维度来指导 ESG 工作的执行：

- 针对**重要且紧迫**的 ESG 相关业务需求，执行层面要重视时效性；
- 针对**重要且动态变化**的 ESG 相关业务需求，执行层面要有长期准备。

企业 ESG 的需求层次

从入局、布局到破局，企业在 ESG 工作的执行层面，我们既要考虑时效性，又要考虑长期性。基于上面提到的企业 ESG 的需求层次，对于可以产生直接业务增长的 ESG 工作，以及可以避免重大风险与商业损失的 ESG 工作，包括基于不同业务需求打造企业竞争力的 ESG 工作，一定是重要且紧迫的，执行层面就需要有时效性，要短平快。

从企业的**收益最大化**角度，我们需要衡量，在哪些业务层面 / 领域落实 ESG 工作可以为业务带来直接或者立竿见影的增长机会：

- **近期利益回报**：评级提升带来的业务增长与增值，利益相关方关系巩固与升级；
- **中长期商业机遇**：新市场准入、IPO 保驾护航、吸引更多责任与影响力投资注入。

从企业**安全与风险管控**角度，我们需要关注在哪些业务层面 / 领域落实 ESG 工作可以帮助企业规避直接风险，并带来更多参与全球规则和治理的机会：

- **直接风险**：企业的不良 ESG 表现带来的风险包括（但不限于）股价下跌、市场经营许可被撤销、消费者抵制等；
- **间接风险**：全球市场中 ESG 新规则制订过程中话语权的减弱或丧失。

从企业**可持续发展**层面，投资者 / 股东和客户对 ESG 的关注和期望，正在对企业的运营、产品和服务产生快速而重大的影响。同时，企业 ESG 文化与管理机制的打造和完善是决定其能否有效地吸引人才、推动业务变革、回应利益相关方迫切需求、实现可持续发展的关键。这既是一个有时效性的指标，又是一个长期发展完善的过程。

- **市场：**ESG 的规划管理要与产品 / 服务的创新性、稳定性、可靠性、性价比挂钩；
- **机构与人才：**ESG 的规划管理要助力企业文化和影响力打造、机构运作效率提升、员工归属感与能动性的增强。

此外，在 ESG 方面精准有效地投入，可以为企业带来综合优势，也可以不断打磨和提升企业品牌的价值，使其产品、服务实现从性价比优先，到不可替代的战略转型。最终，企业不再是随波逐流，而是乘风破浪，甚至可以开创新市场并引领新机遇。

企业性质不同，发展阶段不同，ESG 的执行情况不同，成熟度也存在较大差异。ESG 考验企业的不是花哨的招式，而是扎实深厚的内功。在执行层面，不是大而全地去纸上谈兵，而是要找到最重要且最紧迫的切入点去"落子"，盘活局部资源，并逐渐带动全局。

ESG 决策者与影响者

第三步：管治原则——自上而下、从内到外、由点及面

ESG 从战略到落地，很重要的一环是机制的建立。它避免企业为了 ESG 短期目标或单一目标达成而失去章法，弱化了整体规划下任务细分的成效。就机制建立而言，我们可以考虑遵循三个原则。

治理
（自上而下）

沟通
（从内到外）

管理
（由点及面）

自上而下

优异的 ESG 绩效表现来自强大的 ESG 治理架构。因此，ESG 工作机制的建立首先要搭建认同 ESG 重要性和紧迫性的董事会。同时，还要配有具备 ESG 专业经验的专家或专家委员会以便提供技术支持和参考，这是确保 ESG 能够融入企业核心业务战略，在管理运营中深入发展并行之有效的基础。

建立 ESG 委员会并不意味着颠覆原有的企业治理架构，而是在原有基础上进行有益的补充升级。不同规模和类型的企业治理架构不一样，治理方式应该适合企业特性和发展阶段。从实操层面看，董事会纳入 ESG 治理并实现升级转型，可以参考三类方式。

内嵌式

对现有董事会进行治理改革，将 ESG 事宜上升到治理层面，由董事会成员直接参与 ESG 决策。在董事会治理架构的基础上，增加董事会成员的 ESG 监管职责。设立 ESG 委员会并指定高级管理层成员专门负责 ESG 统筹协调，这种做法会改变企业原先的治理架构，可以参考香港联合交易所《环境、社会及管治报告指引》中就董事会逐步实现对企业实质性管制的建议。

外挂式

在保证董事会成员高层级监督管理的前提下，成立经营层面的 ESG 工作委员会，将 ESG 具体工作职能下沉到企业可持续发展或 ESG 专项工作组，由负责可持续发展、企业社会责任或 ESG 事务的专职人员及团队来落实董事会在 ESG 工作上的方针、策略与决议，并定期向董事会汇报进展。

融入式

与前两者更适合上市企业和大型企业的方式不同，这种方式更适合中小企业治理架构——企业并不设定专职 ESG 岗位，而是通过外聘 ESG 专家进行指导，将企业特定岗位（投资者关系、供应链管理、可持续发展等）进行职责延伸，来实现在组织内部通过在业务指标里融入 ESG 绩效内容来实现 ESG 治理的诉求。

香港联合交易所在于 2020 年 3 月 6 日发表的另一份名为《董事会及董事指南：在 ESG 方面的领导角色和问责性》的指导性文件中表示，"新 ESG 汇报规定的重点是董事会在 ESG 事宜上的管治及角色，而非'技术性报告'"[13]。这表明，关于 ESG 管治的规定，重点并不是要求企业按照文件要求披露 ESG 相关架构设立情况，而是将 ESG 事宜的管理上升到董事会层面。

"有效的 ESG 管治架构是确保 ESG 表现及汇报质量的基础""董事会应遵循发行人的策略目标，识别及评估 ESG 风险及机遇。"这表明，董事会应清晰了解企业所面临的 ESG 风险和机遇，并确保企业的 ESG 战略方向和绩效表现能回应不同外部利益相关方的诉求。

在此，我们想要强调的是，董事会成员不一定要成为 ESG 专家，但一定要有对 ESG 较为深刻的全面认知。这样作为专业支持的 ESG 委员会成员才能得到充分授权，而其建议才能真正做到落地。这可以简单地理解为元帅和将军的关系，也可以是教练和运动员的关系。

企业的 ESG 管治应当聚焦如何能够实现董事会对 ESG 事宜的领导和监督，在进行 ESG 风险防范的同时能够抓住机遇。处于不同发展阶段、行业和规模的企业，可以选择适合企业自身特性和未来发展需求的 ESG 治理架构。能实现 ESG 绩效的持续提升，向内外部利益相关方证明企业对 ESG 的重视程度以及 ESG 管治的有效性，才是企业 ESG 工作的重中之重。

除了治理架构的调整，通过利益相关方矩阵的构建与实质性议题分析，企业还需要确保自上而下的 ESG 战略能够融入对应的业务绩效指标体系，使 ESG 的绩效与企业长期收益成正比。

ESG 有强风险管控内涵，其披露也有强制性，因此它与企业道德合规工作可以实现无缝衔接和有效补充。此外，许多企业也开始尝试将 ESG 的绩效表现与高层管理者的薪酬奖金挂钩，进一步提升领导者推动 ESG 的积极性。

---

[13] https://sc.hkex.com.hk/TuniS/www.hkex.com.hk/News/Regulatory-Announcements/2020/200306news?sc_lang=zh-cn.

从内到外

从入局到布局，ESG 治理水平考量的是企业经营和管理者的认知、判断、信心与决心。正如我们在上文提到的，优异的 ESG 绩效表现来自强大的 ESG 治理架构，那么，ESG 从策略规划到执行，一定是从内到外的。

这个"内"可以从三个方面加以理解。

董事会统一思想

企业的初衷是否能贯彻，取决于组织内部在认知和思想上是否统一，这是一切执行和效果的前提。董事会要实现统一思想，才能实现到管理层，再到员工的有效价值观传递，实现内部利益相关方对 ESG 的理解和认可。

行为规范

行为规范是企业练好内功的体现，让企业的政策、流程、指标和绩效，从组织行为转化为个体行为，并在传播、广告、招聘等一系列对外工作中体现出来。让外部利益相关方知晓、认可并支持企业的长期增长。

文化建设

ESG 绩效和能力的不断提升是一个长期演化过程。所谓"铁打的营盘，流水的兵"，策略落地不能依赖于某个超级个体来实现。成熟、健康、进取的企业内部 ESG 文化建设与环境打造才能为组织的可持续发展保驾护航。

在从内到外的沟通过程中，对于跨国企业而言，"外"的角度需要考虑以下方面：在总部与海外人才的定位与选择上，要摆正主辅，因地因人而用。具备跨国企业管理经验的中国管理人才，其优势是更能领会贯彻企业创始人与管理团队意志，更敏感地把控国内大环境，作出更精准的判断与决策建议。海外目标市场的外籍专家在同类领域更了解当地动态，可以作为国际市场上的一线专家，提供战略落地的辅助支持，与总部的 ESG 负责人相互配合。

由点及面

在 ESG 的点、线、面的发展规划中，从大局规划到小步快走，ESG 要从最重要、最紧迫的切入点入手。很多时候，企业在推动一项变革的时候，最容易引发改变的是危机和风险意识。通过 ESG 自查，企业可以快速发现运营中潜在的风险因素，快速推导出这类风险可能导致的经济损失、名誉损失，甚至出现运营终止的风险。

在这样的前提下，企业采取果断措施进行调整和改革纠偏，带来的止损效果是立竿见影的。因此，尽早把握 ESG 的精髓，可以让企业在快速变革中保持平衡，用恰到好处的节奏去走完全程并取得最终胜利。

第四步：ESG 实务组合三件套

策略得当的 ESG 工作对于企业而言，就是组织和业务顺应和驾驭全球商业潮流和趋势的一个转型推手。

其中，业务是"根"，是那个"1"，后面能加多少零，则取决于企业的策略。

企业引入 ESG 一定不是照本宣科地整体搬运 ESG 体系。与之相反，ESG 策略一定是植根于企业核心产品与服务，并以应对全球可持续发展变化带来的影响，打造韧性并激发变革力为宗旨，去开展实施。

ESG 工作成为转型推手

策略为"干"：企业要想获得更大的市场，其目标一定是全球布局。ESG 已经是影响全球市场的重要风向标，从各个国家的政策到行业标准，从市场准入门槛到利益相关方的关注，各方对企业在可持续发展方面绩效表现的期望已经水涨船高。如果企业发展战略不能与时俱进，就无法把握 ESG 所带来的变化和机遇，那么企业的发展根基也会受到影响，甚至失去持久稳定的优势与竞争力。

配套为"冠"：在行动层面，企业需要有配套投入，这包括资金、人力和时间等。这些投入可以为企业带来产品与服务定位、营销与传播策略、组织架构和人才结构等一系列深远的改变，也将驱动企业与外部利益相关方，如股东、消费者、客户、监管者和供应商之间关系的重新定位。

正确认知了 ESG 的重要性、必要性和紧迫性，便把握住了"天时"。

清晰了解了自己企业 ESG 的能力现状和需求切入点，便控制了"地利"。

那么，至于接下来如何激活这一切，就要拥有"人和"。

2.2 加强与 ESG 利益相关方的沟通与互动

我们需要了解利益相关方的诉求，进而由内而外地输出 ESG 价值

由于 ESG 利益相关者生态体系的复杂性、各类标准法规的不一致性及全球不同市场所在地的独特性，企业看 ESG 如同"雾里看花"，这为企业经营和管理者带来非常大的困扰。要想解决这个困扰，可以采用结果导向思维，去明确我们在多变复杂的利益相关方环境中到底想要获得什么，由此再来看如何有针对性地去和关键利益相关方互动。

首先，我们用一张图来快速了解有哪些与利益相关者沟通和互动的场景，以及不同场景中企业可以参与互动的机会有哪些。

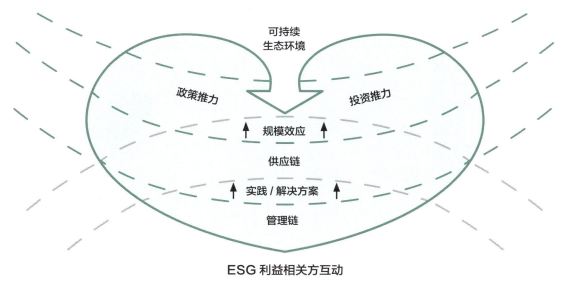

ESG 利益相关方互动

其次，根据 ESG 工作在不同阶段和领域的需求，企业要知道如何与利益相关方打交道。

企业要打造管理链的韧性和竞争力，首先要找到并找对内部牵头人，给予其足够的授权和资源，才有可能在 ESG 方面"成大事"。表面功夫和锦上添花都无法让企业在 ESG 方面真正有所成就。这个牵头人可以是董事会的一个重要成员，或者是高级管理层中能够调动组织资源的一位有影响力的领导。

同时，为其辅以一个 ESG 专业工作委员会，从技术和外联等实操层面助力内部牵头人落实 ESG 战略部署。此外，企业还需要精准引入外部 ESG 专家（行业专家、咨询/智库机构等），并搭建外部 ESG 的意见领袖关系网，这对于企业全面了解外部环境和趋势并获取足够的专业与技术支持至关重要。

练好"内功"之后,接下来就是在 ESG 工作绩效上的体现和"变现"。企业可以从客户和供应商两大群体获取动力和支持。前者是锁定我们的客户群中哪些对 ESG 提出了强制性披露、评估要求或奖励性政策,后者是探索哪些优质供应商可以通过其产品、服务和自身 ESG 水平为我们带来直接或间接的 ESG 绩效提升。

针对上市企业或者 IPO 进程中的企业,可以通过有的放矢的市场调研和披露传播工作,来确保企业自身满足甚至超越监管机构在 ESG 方面的要求,吸引并赢得更多 ESG 投资者的青睐。**利益相关方的沟通是一个从内至外、从价值引入到价值输出的过程。**

长期而言,ESG 是一家企业的事情,也是整个行业乃至跨行业可持续发展的共同努力方向。通过建立 ESG 生态系统,企业不仅可以获得 ESG 和可持续发展领域丰富的资源,还可以实时把握可持续发展趋势及其影响。

此外,企业除了获得 ESG 竞争优势,还可以增进与利益相关方在 ESG 领域的共识、信任与理解。当遇到 ESG 相关的突发挑战和问题时,这在一定程度上会为企业提供应对和缓冲的时机与机会。

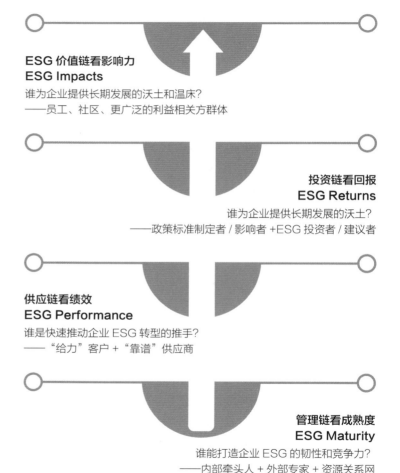

ESG 价值链看影响力
ESG Impacts
谁为企业提供长期发展的沃土和温床?
——员工、社区、更广泛的利益相关方群体

投资链看回报
ESG Returns
谁为企业提供长期发展的沃土?
——政策标准制定者/影响者+ESG 投资者/建议者

供应链看绩效
ESG Performance
谁是快速推动企业 ESG 转型的推手?
——"给力"客户+"靠谱"供应商

管理链看成熟度
ESG Maturity
谁能打造企业 ESG 的韧性和竞争力?
——内部牵头人+外部专家+资源关系网

第二章 ESG 与企业可持续发展管理的结合

重要内部利益相关方
- 董事会
- 业务与职能管理团队
- 员工 / 工会代表

重要外部利益相关方
- 投资者 / 股东
- 政府 / 监管机构
- 非政府组织 / 媒体

ESG 沟通　　现状认知　　能力建设　　被动披露　　主动沟通　　价值联动

价值引入
- 内部沟通与培训
- 组织、策略与项目升级
- 差距分析
- 利益相关方与实质性议题分析
- ESG 绩效自测
- 市场调研与对标

价值输出
- 集团加入全球 / 行业可持续行动与组织
- 利益相关方口碑传播
- 可持续价值链联盟与行动伙伴计划
- 企业可持续重大举措、重要阶段性成果、表彰与研究发布
- 企业 ESG/ 可持续发展报告产品 / 网站
- 年报或其他企业文件中 ESG 信息披露
- 应监管和客户要求的 ESG 专项信息披露
- ESG 相关重大事件的企业披露与沟通

2.3 优秀的 ESG 在于企业全球本土化能力与供应链韧性

供应链管理是 ESG 的关键环节，也要求我们在专家储备、信息储备、管理体系、管理平台等多维度加强发力

面对全球政治、经济与社会发展的诸多不确定性，面临气候变化带来的一系列不可抗力的影响因素，企业的经营稳定性和可持续发展受到挑战。如果无法快速执行 ESG 工作，强化企业应对危机和变化的可持续发展韧性，就无法真正形成引领企业砥砺前行的领导力。

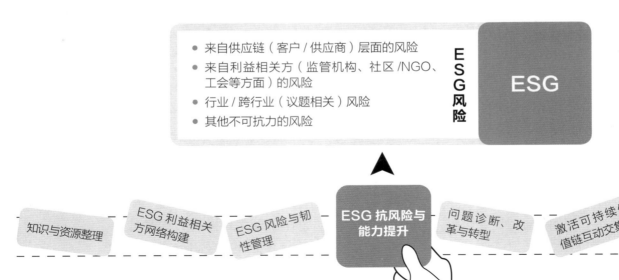

ESG 正在给全球规则和标准带来诸多促进和推动，进而对全球供应链上提供服务和产品的中资企业带来深远影响。从风险角度，对于中资企业而言，供应链上的标准和政策全球化意味着企业将面临更严格的监管、更高的市场准入门槛，以及更多对企业 ESG 表现的期待和要求。企业也将面临因为 ESG 不达标而遭受监管处罚、消费者抵制、市值损失、市场机遇和消费者忠诚度丧失，甚至退出市场等一系列风险。

因此，企业在供应链方面的风险管理和韧性打造变得格外紧迫和必要。本书对企业如何识别、管理 ESG 风险并打造 ESG 韧性提出一个实操管理流程，从资源库建立、关系网构建、韧性指标设置、问题诊断与改革，到形成可持续价值链的互动与影响力沟通和传播。

"新冠"疫情后，企业的供应链管理显得尤为重要。供应链的 ESG 风险管理覆盖了企业运作的方方面面，亦是其中难度最大却又最容易被忽略的部分。

供应链管理需要防范法律风险、财务风险，应对公共危机和气候危机，如供应商停产断货导致供应链中断，由产品安全治理、企业治理等相关负面新闻引发顾客抵制的公共危机，以及极端天气对于生产、仓储和运输带来的巨大挑战等，上述情况都将对产品持续供应、资金流等产生直接影响，也会造成企业的品牌价值和声誉受损。

近年来，随着 ESG 投资理念的发展，越来越多的企业将 ESG 理念纳入企业治理和管理实践中，部分企业在供应链管理方面取得了相当不错的成绩。然而，许多企业仍未充分将 ESG 实践理念与供应链管理战略融合。若发生违法违规情况，例如与 ESG 相关的环境处罚、产品安全、企业治理等问题，有可能造成重大的合规危机和公共危机，需要在供应链管理中充分识别 ESG 风险并进行管控。

专家储备

要能很好地管控供应链 ESG 风险，企业首先需要建立起相应的专家储备。

从企业内部人才建设来说，内部专家的作用是能够建立供应链 ESG 管理的工作方法，并保证这些工作方法执行落地。这样的内部专家需要熟悉企业内部架构、各部门职责，以及供应链情况，并被充分授权，这样才能够建立起最适合本企业的 ESG 工作方法，并确保其得到执行。内部专家的优势在于"泛"和"广"。一般可以从内部职能管理相关部门遴选相应的人才，加以培养使之成为内部的专家储备，如供应链管理、质量管理部门等。

从企业外部人才建设来说，外部专家可以从外部视角审视企业 ESG 工作的表现，还有可能在具体的某一个领域，比如碳排放，有多年的从业经验，从而对这一领域有着见微知著的独特见解。外部专家的优势在于"专"和"精"。这样的专家一般来自各咨询机构、研究院、行业协会、智库等。

以长三角 ESG 和零碳研究院为例，该研究院是一个 ESG 综合性平台，专注于 ESG 和碳中和的议题，致力于创建沟通与合作平台，以支持政府、企业和金融机构的可持续发展，业务范围覆盖专题研究、培训和咨询服务等，同时拥有专家库，可为企业提供专业意见，成员由专业人士、行业专家、研究学者等组成，团队在 ESG 和零碳领域拥有丰富经验及洞见，可以帮助企业更好地应对 ESG 挑战，助力企业可持续发展。

信息储备

企业日常运作千头万绪，涉及方方面面，那么，企业是否真正了解自己的日常运作情况呢？

企业要对自身的供应链有一定的信息储备，就一定要了解其供应链里都有哪些合作伙伴，这些合作伙伴都是谁，他们各自属于哪些行业，对于企业正常运作的影响如何，他们各自的主要 ESG 风险在哪里。以目前市场水平来看，企业基本能够建立起对于自己直接供应商的信息储备。这里要强调的是，对于供应链上游也需要予以关注，因为上游的某些合作伙伴也有可能对于企业的正常运作产生具有关键性的影响。

管理体系

对于供应链的合作伙伴如何进行管理，哪些是需要收集的信息，如何对这些信息进行加工分析，这就涉及 ESG 的供应链管理体系。

建立管理体系时，企业需要结合自身行业特点、资源配置、实质性议题等具体情况，划定供应链 ESG 风险管理的范围。有些品牌企业，其一级供应商基本以产品组装为主，供应链中同时存在一级、二级、三级供应商，因此该企业的 ESG 供应链风险管理的范围就需要覆盖所有层级 ESG 供应商。

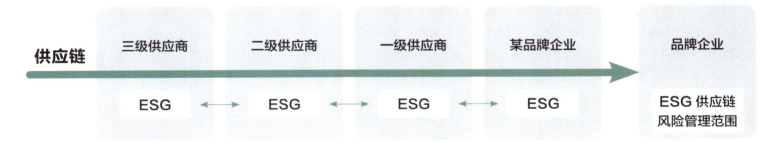

针对范围内的供应链识别出主要 ESG 风险，并且采取相应措施去加以控制。具体措施可以是企业和供应链合作伙伴一起以项目形式对某一重大风险进行管控，也可以是企业对范围内供应链合作伙伴提出长期或短期的 ESG 绩效目标，并通过日常监督、信息共享、辅导改善等方式帮助合作伙伴达成该目标。

在这个过程中，企业不应只关注自身，还应放眼更大的市场，充分发掘供应链合作伙伴在 ESG 方面的合作潜能，从而形成战略联盟以加强对供应链的整体影响，更有力地提升供应链的 ESG 管理绩效。

管理平台

当企业有了专家,做好相应的信息储备,并建立起了管理体系后,所有的这些信息都需要借助管理平台才能很好地串联起来。

企业可以选择将供应链 ESG 管理平台建立在内部的管理体系中,作为其中一个管理模块,与质量管理、交期管理、订单管理等模块并列,也可以选择单独建立供应链 ESG 管理平台。需要注意的是,单独建立的供应链 ESG 管理平台应保留和企业自有供应链管理平台信息交互的接口。否则,供应链 ESG 管理平台将成为孤岛,无法与企业日常生产管理融合。

目前,市场上存在很多第三方提供的供应链 ESG 管理平台,这些管理平台一般会借助新兴的互联网信息技术进行 ESG 管理。比如,借助云服务提供的第三方管理平台,可以确保企业信息的可持续性;借助区块链技术的第三方管理平台,可以确保信息的透明性。比如,美国的第三方管理平台 Avetta[14] 帮助客户评估其供应商 ESG 综合表现,跟踪进展并采取指导性行动,以提高相应分数和实现可持续性。另外,也有一些平台重点关注供应链中的某些 ESG 议题,比如 e2open[15] 专注于供应链上产生的碳排放,并帮助企业减少范围 1、2 和 3 的温室气体(Greenhouse Gas,GHG)排放。

除此之外,也有一些第三方平台提供 ESG 某方面有针对性的信息服务。比如,公众环境研究中心(IPE)[16],专业提供企业供应链合作伙伴相关的全国环境质量与重点污染源实时排放信息,以推动企业环境信息公开与公众参与。企业可以通过其网站蔚蓝地图检索自身供应链内合作伙伴的环境表现,也可以主动参与该网站的绿色供应链指数评价。

---

[14] https://www.avetta.com/news-press/avetta-launches-supply-chain-sustainability-and-esg-risk-mitigation-solution-avetta-one.

[15] https://www.e2open.com/by-need/esg-for-supply-chain/.

[16] https://www.ipe.org.cn/MapSCMBrand/BrandMap.aspx?q=6.

数智化 ESG 管理平台示例

由于 ESG 范围广泛且应用场景多样，与 ESG 相关的数智化的切入点也包罗万象。这里推荐几个切入点，帮助企业提升 ESG 管理效率和绩效表现。

第一，企业可以利用数智化平台提高 ESG 信息管理效率。正如很多企业在具备一定规模后，为了提高管理效率，会在企业上线 ERP（企业资源管理系统）一样，企业需要一个标准化的专业系统来收集和管理 ESG 信息，把控流程，提升运营效率，更有效的数据收集可以帮助企业提取更有价值的信息，为决策提供参考，同时可以使 ESG 信息披露变得简单和高质量。

第二，利用数智化平台管理产品生命周期的环境影响。随着信息技术的更新迭代，新的数智化平台提供了让数据能够在任何时间、任何地点传输、存储、处理和分析的可能。越来越多的企业开始构建其供应链数据管理平台，覆盖从零部件材料到产品的全生命周期，从生产到运输，从产品使用到产品回收等各个环节，从而全面评估和严格管控产品全生命周期中产生的对环境的影响。

第三，利用数智化平台管理生产制造过程中的碳排放。现在的 IT 技术架构不仅包含智能设备和 IoT（物联网）终端，还包括让数据在接近其产生地点得以处理的边缘计算，对数据做远程存储和处理的云计算，令海量数据得以传输的高速网络，以及支持智能决策的人工智能等。例如，绿色能碳管理系统提供全面的能源管理、碳资产管理、企业碳核算、员工碳账户管理、排放因子库管理等众多功能，全面助力企业实现碳达峰、碳中和。

资料来源：摘自 Sustech ESG 数字管理平台。

2.4 公正公开地进行 ESG 信息披露和传播

我们要进行更透明、详实的 ESG 信息披露，助力企业的 ESG 影响力打造

企业内部 ESG 信息梳理要大而全，深而精。对外披露或参与 ESG 评级则要在确保实质性、透明度和完整性的前提下，保证披露内容与评价格式的针对性和可测量性。

		Bloomberg	MSCI	S&P Global	Sustainalytics	ISS ESG	RepRisk
基础	范围	11,500 家企业	13,500 家企业	7,500 家（被邀请）企业	11,000 家企业	5,000 家企业	145,000 家企业
综合数据提供方	来源	• 企业自行披露数据 • 第三方 ESG 机构	• 企业自行披露数据 • 政府、研究机构与 NGO 数据库	• 行业特定问卷	• 企业自行披露数据 • 媒体披露 • NGO 披露	• 企业自行披露数据 • 媒体披露 • NGO 披露 • 研究机构披露	• 媒体披露 • 其他公共信息源
	议题数量	120	37	20—30	40（行业特定议题）	100（行业特定议题为主）	86
	参与	企业可以随时要求更新	邀请企业核实数据	企业填写问卷	邀请企业反馈并补充数据	邀请企业反馈并补充数据	无互动
专有领域	评级	100 分	AAA—CCC	0—100	0—100 5 个风险等级	A⁺—D⁻	0—100 AAA—D
	时间	每日更新	持续监控，开展年度深度审查	每年	持续监控，开展年度深度审查	每年	每日更新

企业还要在 ESG 信息对外披露过程中避免产生投机取巧的侥幸心理，主要体现在以下七个方面。

目标设定缺少实际的跟踪评估	ESG 信息披露与沟通要关注实质性议题和可追踪、可测量的具体举措，看的是"过去时""现在时"和"现在进行时"。如果企业涉及过多"将来时"的预测，则需要补充"前瞻性声明"（Forward-looking Statement），进行必要说明
把 ESG 作为 CSR 的升级版	简单的术语替换，用 ESG 替换掉企业原有的 CSR 标签，把 ESG 信息披露范围狭隘化；认为 ESG 信息披露仅与投资者相关
ESG 信息披露功利化	工作主要是输出一份 ESG 报告，拿到一个好的 ESG 评级结果；做 ESG 的目的就是"搞好政府关系"或"提升企业好感度"
ESG 信息披露模糊化	"活动"很多，缺少联系；罗列项目，但不指出项目内容与其 ESG 战略实质性议题与矩阵的关联和逻辑；推送广告营销式的报告内容，试图通过个体案例的阐述去淡化整体 ESG 绩效情况
积极评奖评级不佳	参与各类奖项评选，但评选结果与 ESG 评级结果形成反差
案例突出比重不高	有突出 ESG 绩效的优质案例，但占业务整体比重较低，仅作为"亮点"项目，无法真正将 ESG 融入核心业务发展和运营中
短视主义鸵鸟主义	为了应付客户或者监管方审核去拼凑 ESG 相关内容

前瞻性声明

本新闻稿中的某些声明与未来事件和预期有关，属于 1995 年《私人证券诉讼改革法案》所指的前瞻性声明。

1995 年《私人证券诉讼改革法案》所指的前瞻性声明。诸如"相信""估计""将是""将""期望""预期""计划""预测""目标""指导""计划""打算""可能""应该"或其他类似词语或表达方式通常可识别前瞻性声明。除历史事实声明外的所有声明都是前瞻性声明，包括但不限于有关我们的前景、预测、预报或趋势描述的声明。这些声明并不保证未来的业绩，而且只在声明之日有效，我们并不承诺更新我们的前瞻性声明。

卡特彼勒的实际结果可能与我们的前瞻性声明中所描述或暗示的结果有实质性的差异，这些因素包括但不限于：(i) 全球和区域经济状况以及我们所服务的行业的经济状况；(ii) 商品价格变化、材料价格上涨、对我们产品的需求波动或材料严重短缺；(iii) 政府的货币或财政政策；(iv) 我们经营所在国家的政治和经济风险、商业不稳定以及我们无法控制的事件；(v) 国际贸易政策及其对我们的产品需求和我们的竞争地位的影响，包括征收新关税或改变现有关税税率；(vi) 我们开发、生产和销售满足客户需求的优质产品的能力；(vii) 我们所处的高度竞争环境对我们销售和定价的影响；(viii) 信息技术安全威胁和计算机犯罪；(ix) 我们的经销商和我们的 OEM 客户的库存管理决策和采购做法；(x) 未能实现或延迟实现我们的收购、合资企业或资产剥离的所有预期收益；(xi) 工会纠纷或其他员工关系问题；(xii) 意外事件的不利影响；(xiii) 全球金融市场的混乱或波动限制了我们的流动资金来源或我们客户、经销商和供应商的流动资金；(xiv) 未能保持我们的信用评级以及可能导致我们的借贷成本增加，并对我们的资金成本、流动性、竞争地位和进入资本市场产生不利影响；(xv) 我们的金融产品部门与金融服务行业相关的风险；(xvi) 利率或市场流动性条件的变化；(xvii) Cat Financial 的客户拖欠、收回或净损失的增加；(xviii) 货币波动；(xix) 我们或 Cat Financial 对债务协议中的财务和其他限制性契约的遵守；(xx) 养老金计划筹资义务的增加；(xxi) 指控或实际违反贸易或反腐败法律和法规；(xxii) 额外的税收支出或风险，如美国税收改革的影响；(xxiii) 重大法律程序、索赔、诉讼或政府调查；(xxiv) 新法规或金融服务法规的变化；(xxv) 遵守环境法律和法规；(xxvi) COVID-19 大流行病造成的业务中断的持续时间和地理分布以及对全球经济的整体影响；(xxvii) 在卡特彼勒提交给证券交易委员会的 10-Q、10-K 和其他文件中详细说明的其他因素。[17]

---

[17] 译自《卡特彼勒 2021 年可持续发展报告的前瞻性声明》，https://s7d2.scene7.com/is/content/Caterpillar/CM20220511-0eef7-f1108?_ga=2.154756408.1463549513.1673751856-420281360.1673751856#page=70。

全球监管机构、投资者和重要的利益相关方群体比如媒体、ESG 评级机构和非政府组织，正在密切关注企业 ESG 信息披露情况，并积极发起反漂绿[18]运动。因此，企业的 ESG 管理水平在信息披露和传播的维度上体现在精准且正确的价值输出，以及与利益相关方的沟通与互动。企业与利益相关方 ESG 沟通的过程就是从 ESG 表现自证到影响力感召的过程。**ESG 信息披露与传播要双管齐下，信息披露要"硬"，传播要"软"。**

---

[18] 漂绿，指企业或机构运用具有误导性或错误的方式，来夸大自己在环境方面的努力。详见 https://baijiahao.baidu.com/s?id=1751128024362907054&wfr=spider&for=pc。

2.5 投资者关系是连接企业内外部 ESG 利益相关方的关键环节

加强内部沟通和外部调研，记录好企业的每次 ESG 实践，将加强投资者关系这一连接企业内外部利益相关方的关键环节

企业的方方面面都应该渗透 ESG 战略，投资者关系就是一个十分重要的环节。2022 年 4 月，中国证监会发布《上市企业投资者关系管理工作指引（2022）》，实施日期自 2022 年 5 月 15 日起，将关于投资者关系管理的沟通内容，首次纳入"企业的环境、社会和治理信息"（ESG）。至此，ESG 信息披露正式被纳入企业的投资者关系，而这也是我们向外"秀内涵"的绝佳时刻。让我们来重温开篇（本书第 18 页）的一张图。

我们称之为利益相关方模型，从投资者关系的角度来看，围绕这一模型出发有以下三条建议。

1. 打通企业内部 ESG 认知与管理的"任督二脉"

积极与企业内部各部门沟通，建立组织和业务层面的 ESG 知识与指标管理体系。

2. 修炼好企业 ESG"内功"，做好充分准备

链接 ESG 与企业财务表现，平衡"利与义"，并为对外信息披露和沟通做好充分准备。

3. 搭建企业外部的利益相关方生态体系

建立常态化的外部利益相关方参与沟通机制，实时了解行业与社区针对相关议题的关注情况，以及对企业运营所带来的潜在影响。

以对内沟通为例，企业内最为常见的就是与人力资源部门合作制定员工福利和培训计划，与采购部门合作确保供应链的可持续性。

从做好充分准备的角度来看，企业可以通过投资节能设备和改善生产流程来减少能源消耗，降低运营成本；也可以通过建立有序的内部 ESG 知识管理与资源数据库，支持 ESG 信息披露与沟通工作更好地进行，同时在知识和数据储备过程中，也可能会发现一些过去被忽略的重要内容，例如环保设备的采购、低碳原料的采购等，这些过去可能只被记入资本支出的项目，其实也应该被列入 ESG 范畴，这样会使得信息披露更加立体、充分、完整。最后，企业还需要做好对外沟通的充分准备，如定期发布 ESG 报告，以多元化的方式公开透明地展示企业在环境、社会和治理方面的成果等。

除此以外，ESG 的生态体系建设是需要企业每个层级都积极参与的，例如可以定期举办投资者关系会议、参加行业研讨会，或与社区组织合作举办公益活动等。这会帮助企业实时了解行业与社区对 ESG 相关议题的关注情况，例如关注社会对可持续发展目标（SDGs）的看法，以及对企业运营带来的潜在影响。

企业要了解投资者视角及其关注重点，并以此对标测评企业内部 ESG 绩效的表现状况，并确保企业对外信息披露和互动是真实的、有针对性的、可追踪与评测的。

只有做到知己知彼，才能以不变应万变。因此，企业不能坐而论道，需要在管理过程中有策略、有步骤地去进行有效的外部沟通，了解企业 ESG 现状在外部利益相关方眼中是否达标甚至超越期望，抑或是有差距甚至存在较高风险，需要尽快弥补并改善。

链接 ESG 与企业财务表现

财务表现是外部投资者最为关注的，如何将其与 ESG 相链接往往是企业初涉 ESG 工作的难点——加大 ESG 投入在初期可能会对企业财务状况产生影响，向外界阐明 ESG 相关投入与财务表现的关联互动至关重要。例如，企业购买环保设施会直接反映在资本支出上，但企业因此减少了碳排放而获得了税收优惠，或者获得了更低成本的融资，这些都和企业财务表现息息相关。投资者在考虑"利"的同时，也会去考虑 ESG 层面"义"的部分。再举个例子，通过推进乡村振兴工作，企业获得了新的市场机会并预期可在新市场中获得的收入，也应直接反映在管理层的财务预测中。

整体来看，ESG 不是一个不求回报的慈善理念，在进行投资者关系管理时也应该注意这点，应将企业的 ESG 投入与财务上的投资回报进行链接。投资者关系是连接企业和外界投资者的关键桥梁，只有报告真实的 ESG 管理情况才能更好地让外部投资者了解企业情况并提出意见和建议，企业也好据此做出改善。

ESG 作为较新的理念，单靠企业自身意志进行管理是不够的。很多企业自认为做得够好了，但在利益相关者眼中可能并非如此。良好的 ESG 信息披露，能使外部利益相关者得以更好地了解企业，提出更好的建议和反馈。同时，企业自身也由于 ESG 信息披露的高度透明性，自觉地强化 ESG 管理，在这两者叠加作用下，企业进入正向反馈提升的循环，持续扩大其内在价值。

第三章

ESG 的理念、标准和实践已在全球范围内迅速扩展，无论是发达经济体，还是新兴市场，在全球更大范围内的 ESG 对话、讨论和治理成为迫切需求。ESG 实践案例将有助于不同区域和市场在该领域强化交流、共同进步。在中国，有大批企业已经展开 ESG 实践。

ESG 企业实例

3.1 海外 ESG 发展日趋成熟

世界最初的 ESG 起源于欧洲等成熟的资本市场。最早是以伦敦交易所、巴黎交易所、卢森堡交易所等为代表的交易所市场先启用这个概念。作为工业革命的发源地，环境的过度开发，导致发生了诸多极端气候事件，最为著名的则是伦敦雾霾。正是在这样的大背景（先破坏后治理）之下，ESG 理念在欧洲市场以环保的形式先发制人。

作为 ESG 的实践者，欧洲的企业素来以环保闻名，其独特的工会文化，也使企业更关注员工的参与感，这是欧洲文化中人文精神的体现，也正是这种精神，使得欧洲的企业更关注社区，以及企业治理。欧洲的企业管理者在 ESG 领域已经有了较长时间的累积，他们的 ESG 实践经验也向世界证明了 ESG 是可行的，且为全球提供了值得学习的地方。我们先来看看马士基这家闻名世界的物流企业是怎么做的。

案例 马士基集团的零碳路线图

ESG 实践亮点：重要利益相关方实践 ESG 价值延伸。

马士基集团是一家综合性集装箱物流企业，成立于 1904 年，总部位于丹麦的哥本哈根，2021 年位于世界 500 强第 297 名。马士基集团致力于连接并简化全球贸易，其业务足迹遍布全球 130 个国家和地区，拥有超过 9.5 万名员工。

马士基集团积极践行 ESG 发展理念，在 2022 年 2 月发布了其《2021 年可持续发展报告》，宣布其最新零碳目标和路线图，并详细阐述了集团的 ESG 战略和治理模式，以及相关进展。该集团为其所有业务部门设定了 2040 年实现温室气体净零排放的宏伟脱碳目标，这比最初承诺在 2050 年实现该目标提前了 10 年，可见其实现目标的信心和决心。

1. 马士基集团的 ESG 战略和治理结构

在董事会支持下，三层治理结构推进马士基集团整体 ESG 战略布署和执行。由高层领导制定集团的 ESG 战略，并设立 ESG 相关议题的高层管理委员会。马士基集团的战略、可持续发展和财务职能部门统筹并指导各业务部门的 ESG 战略布署和执行，跟踪实施进展。

除了在温室气体减排方面作出的贡献，马士基集团在 ESG 方面的另一突出表现是为女性员工提供良好的工作环境。马士基集团凭借多元、平等、包容的职场环境与较高的员工满意度脱颖而出，荣膺"2022 年大中华区女性最佳职场"奖[19]。

2. 合作共促绿色航运

在 2022 年 7 月 13 日，马士基集团公开宣布已与联想集团达成协议，未来将展开密切合作，为联想集团提供生态环保运输方案，共促航运领域减排，践行低碳环保的行动宗旨。

据马士基集团介绍，其提供的生态环保运输解决方案使用第二代生物燃料，由废食用油等物质提炼而成。第二代生物燃料的优点在于，相比于传统燃料，可以减少 80% 以上在船舶运输过程中产生的二氧化碳，已获得国际可持续发展与碳认证机构认证（International Sustainability & Carbon Certification）。

此次合作，马士基集团将在亚太航线、欧洲航线上为联想集团提供生态环保运输解决方案，运送商用和消费级笔记本电脑、平板电脑等产品，助力联想构建绿色供应链，减少碳足迹[20]。

3. 发行绿色债券以落实 ESG 目标

国际航运商会和国际干货船船东协会联合提出建议对船舶运输过程中产生的二氧化碳进行强制征税，以此加速海洋运输业的绿色转型与发展。面对未来日益严峻的节能减排压力，作为国际航运巨头的马士基集团展开行动，宣布向韩国现代重工订购 8 艘集装箱货轮，均使用清洁甲醇进行驱动。

2021 年 11 月 18 日，马士基集团发行首个绿色债券为首批零碳甲醇集装箱船筹集资金。马士基集团的首席财务官表示：通过建立新的绿色金融框架，马士基集团计划将其融资战略与零碳航运目标保持一致。企业成功发行了金额 5 亿欧元的绿色债券，期限 10 年，为其第一艘支线零碳甲醇集装箱船和 8 艘超大型零碳甲醇集装箱船筹集资金，这些零碳甲醇集装箱船将分别于 2023 年和 2024 年投入营运[21]。

---

[19] https://www.163.com/dy/article/HG72TMSB0512AE4K.html.
[20] https://www.chineseshipping.com.cn/cninfo/News/202207/t20220715_1367406.shtml.
[21] https://www.sohu.com/a/503059443_155167.

3.2 ESG 在国内蓬勃发展

我们回过头来看看国内 ESG 的发展情况，可以发现国内的 ESG 发展也是如火如荼[22]。尤其是伴随着国家"双碳"目标的设立，以及共同富裕目标的提出，ESG 的本土化也逐渐形成体系。

因此，在中国经济从高速增长向高质量发展转型的过程中，企业必须密切关注 ESG 这一课题，提高重视程度，练好"内功"。来自伊利和朗诗的企业案例为我们提供了很好的启发。

案例一 伊利的供应链可持续变革

ESG 实践亮点：推行全生命周期的环境管理模式，减少整体碳排放。

当今，由于牛排放的二氧化碳占全球温室气体总排放量的比例较高，因此，乳业和上游的养殖业也是减碳工作的重要组成部分。涉及牧草种植、奶牛养殖、生产制造等诸多环节的乳制品行业实现绿色低碳发展，对助力"双碳"目标实现意义重大。作为乳业行业龙头，伊利是国内最早启动自主碳盘查的企业之一，它的 ESG 实践道路为国内乳制品企业进一步实现减碳目标提供了"伊利经验"。

1. 构建全面可持续发展战略

在管理体系的构建过程中，一方面，伊利成立了由集团董事长挂帅的可持续发展委员会，自上而下地建成可持续发展管理体系，为伊利落实可持续发展和低碳转型提供支持；另一方面，伊利通过现代化的方式，构建了"可持续发展供应链全球网络"和信息化展示平台"EHSQ 管理信息系统"。这两大系统分别用于促进供应链之间的减碳合作，以及采用信息技术实现对大量碳数据的自动核算，让减碳工作更加准确、高效和精细。

---

[22] 李志青，符翀. ESG 理论与实务 [M]. 上海：复旦大学出版社，2021.

伊利通过构建全生命周期的环境管理模式，并将其贯穿在管理上游牧场与监管下游工厂生产的过程中，力图推动全产业链减碳，并使最终成果见诸产品中。在包装领域，伊利大量使用绿色环保包装，特别是伊利的大单品金典，率先使用通过FSC（Forest Stewardship Council，森林管理委员会）认证的绿色包装材料。2019年和2020年，金典分别使用了39.8亿包和49.5亿包FSC包装材料，相当于推动了15万亩和18.6万亩可持续森林的经营。

此外，金典使用的部分梦幻盖采用甘蔗为原料的植物基材料代替塑料，并启动消费者"空奶盒回收和改造"活动，进一步实现系统的减碳排。

2. 零碳产品

作为行业龙头企业，伊利率行业之先承诺实现碳中和，并将承诺落在实处，向"全链减碳"的目标前行，并提出了零碳牧场、零碳工厂、零碳产品的"三零减碳"方案，下面让我们一起来看看伊利的零碳实践。

2022年2月，伊利集团旗下云南伊利乳业有限责任公司已获得国际检验认证机构必维集团（Bureau Veritas）颁发的碳中和工厂核查声明（PAS2060），成为中国食品行业首个"零碳工厂"。中国奶粉行业前两家零碳工厂、中国冷饮行业首个零碳工厂，在伊利相继诞生[23]。

2022年3月12日，伊利正式发布中国首款"零碳牛奶"，将其命名为"伊利金典A2β-酪蛋白有机纯牛奶"，这款牛奶通过了必维集团的碳中和核查，获得相关的碳核查声明，标志着产品全生命周期碳中和的实现。该产品在原料的获取、生产和运输以及产品的生产、运输、使用和废弃阶段完成了温室气体"净零"排放。一提（250 ml×10包）金典牛奶中和了约7.7千克碳排放量，相当于开39千米汽油车的碳排放量[24]。

2022年4月15日，金典娟姗有机纯牛奶获得"零碳有机奶"认证。5月21日，伊利推出国内首款"零碳酸奶"畅轻蛋白时光。2天之后，伊利金领冠塞纳牧有机奶粉成为婴幼儿配方奶粉行业首款"零碳有机奶粉"。每听奶粉（3段）能为地球减少8.8千克碳排放，每箱能减少53千克碳排放[25]。

伊利的零碳产品标志着中国乳业的低碳发展更上一层楼，也指明了低碳生活、低碳消费新风尚的发展方向。

---

[23] https://shipin.gmw.cn/2022-04/14/content_35661771.html.
[24] https://www.sohu.com/a/554272705_121117455.
[25] https://hs.china.com.cn/gd/53769.html.

案例二　朗诗绿色建筑的 ESG 转型之路

ESG 实践亮点：联合上下游伙伴，打造房地产绿色供应链。

朗诗创建以来一直践行绿色战略，早在 2010 年就加入了联合国"气候中和网络"项目，迈出了探索建筑碳中和的实质性一步。此后，朗诗相继探索实践并成功推出了中国第一座零碳公共建筑"世博零碳馆"、国内首个获德国 PHI Plus 级认证的被动房项目、获得国内外五大绿色认证标准的"超低能耗建筑示范案例"上海朗诗绿色中心等低碳建筑。2019 年中国实施绿色建筑新国标后，首批获得绿色三星标识认证的六个项目中，朗诗独占其二。朗诗的绿色建筑节能率达 80% 以上，超越同期国家标准规定的 65%。在朗诗的所有建筑项目中，绿色建筑占比 70%。朗诗所蓄积的这些"势"，都是其近 20 年坚持差异化绿色战略、潜心钻研低碳绿色建筑技术的结果[26]。

1. 绿色战略

朗诗 2001 年创建于南京，2004 年确立了绿色科技地产差异化竞争战略，之所以做出这样的战略定位，主观原因在于，朗诗董事长田明在房地产市场创业时，就立志要在尊重自然规律的前提下去做"百年老店"。为此，他确立了朗诗的价值观：人本、阳光和绿色。客观原因在于，作为房地产市场的后来者，朗诗只有确立差异化战略，才能在竞争激烈的房地产市场上立足。

在产品上，2004—2020 年，朗诗绿色住宅在全国 30 多个一二线城市及重点经济区域逐步落地，与此同时，它的产品也在逐渐升级迭代。为了向用户提供个性化的居住体验，朗诗在能源集中控制的绿色住宅之外，还开发了分户式绿色住宅和复合型绿色住宅，即"绿色方舟"。

---

[26] https://baijiahao.baidu.com/s?id=1682866113517456609&wfr=spider&for=pc.

朗诗的绿色战略不仅落地于产品设计和建造阶段，还延伸至产品运行阶段。朗诗于2005年成立了绿色生活物业管理企业，该企业团队几乎参与了朗诗建筑的规划设计、施工建设的全过程。因此，他们对建筑本身的低碳设施和系统非常了解，能有效地管理并维护这些设备和系统。此外，朗诗物业还通过资源循环利用来实现社区低碳运营。

从第一个绿色项目开始，朗诗就在打造自己的绿色供应链。对于供应商，朗诗不仅要求其产品符合绿色标准，还推动其环境合规。从2016年起，朗诗通过第三方环境资讯网站"蔚蓝地图"对供应商进行环境合规检索，并将环境合规要求纳入招标文档。随着朗诗在绿色建筑领域逐步取得成就，它的供应商也获得了绿色收益。在朗诗的供应商行列中，不仅有跟它一起成长起来的低碳环保设备供应商，还有全球知名大企业，比如在环保材料领域掌握全球前沿技术的巴斯夫。

2. 绿建技术

作为朗诗绿色战略发展的一个主要保障资源，朗诗的绿色建筑技术（简称绿建技术）已积累近18年。集团内的上海朗绿建筑科技股份有限公司（简称朗绿），不仅为朗诗服务，还对外输出技术服务，成为朗诗"深绿"战略的三大支柱之一。截至2021年，朗绿科技已拥有271项技术专利（其中发明专利62项）[27]。

---

[27] 刘燕春子. 全球多行业"绿意"渐浓［N］. 金融时报，2021-09-08（008）.

3. 轻资产模式

随着绿建技术的不断沉淀，朗诗具备了对外提供技术服务的能力。这样的能力不仅让朗诗获得了服务收入，也让它实现了从房地产的重资产商业模式向轻资产商业模式的转变。

朗诗的资产轻型化主要涉及三方面内容。

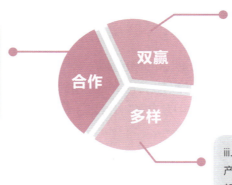

i. 扩大合作伙伴群体，加大共同开发力度，在自有项目上积极引入同行业伙伴、金融机构等能够与之展开合作的商业合作对象，或仅在其他开发商项目中参股，而朗诗原则上不再单独投资项目

ii. 充分利用朗绿科技独特的产品技术，展开双赢的小股操盘业务，从中既能获得资本投资带来的收益，又能得到整合产品与管理输出所取得的收益

iii. 开展代建、定制、开发服务等轻资产业务，通过轻资产业务的开发，使朗诗的收入更多样化

第四章

综观国内外案例,我们可以看到在 ESG 的发展上存在众多相同点,同时,由于国情差异,存在一定的不同。可以发现的是,无论国内外,各大企业均在快马加鞭地推进 ESG 实践来顺应全球商业环境发展的新趋势。对此,我们总结了国内外未来 ESG 的五大趋势,也希望企业能未雨绸缪,及早对于未来的 ESG 管理实践进行前瞻规划。

展望与思考

4.1 海外趋势

海外 ESG 市场环境及各类金融机构与国内情况较为不同，处于一个不断自我更新迭代和修正的过程。由于国情的差异，导致各地的 ESG 相关政策因地而异，全球化的趋势在 ESG 上有更多的体现。同样，ESG 发展也会呈现结构性差异，企业/监管/金融机构等在各自领域内进一步发展。最后，我们发现，在多重因素的叠加影响下，海外的 ESG 人才也会进一步升级，进而帮助企业提升 ESG 的管理水平，创造更多价值，从而形成正向循环。

趋势 1　ESG 标准趋同

趋势 2　各个国家推出更多的本土化政策

趋势 3　ESG 投资策略升级优化

趋势 4　企业 ESG 绩效提升

趋势 5　ESG 人才的升级

趋势 1 ESG 标准趋同

2021年11月3日，在《联合国气候变化框架公约》第26次缔约方大会（COP26）上，国际财务报告准则基金会（IFRS基金会）正式宣布成立国际可持续发展准则理事会（International Sustainability Standards Board, ISSB），并宣布 **ISSB 将整合和利用已有的相关成果和资源，制定和发布 IFRS 可持续发展披露准则（IFRS Sustainability Disclosure Standards, ISDS）**。

2022年3月，有关 ESG 标准的一项协议由国际财务报告准则基金会（IFRS 基金会）与全球报告倡议组织（GRI）共同达成，标志着两者的下设机构国际可持续发展标准委员会（ISSB）与全球可持续发展标准委员会（GSSB）未来合作的前景。这两项消息颇具影响力和冲击力，IFRS 作为世界制定财务会计准则的权威协会，而 GRI 则是长期负责提供 ESG 工作指南。2021年10月，GSSB 对 GRI 通用标准进行了更新，发布了首个行业性的 ESG 标准。这两大协会的合作势必为 ESG 全球披露准则的推出提供更强的可行性，也反映了在 ESG 领域迫在眉睫的形势。

除此以外，还有不少质疑声挑战着现有的 ESG 评价体系，其中最为引人注目的则是 2022 年 5 月，特斯拉被 ESG 指数除名。其主要原因是：缺少减碳策略、商业行为准则方面的缺陷、产品质量问题、反歧视方面的缺陷和环境污染[28]。对此，马斯克直接通过推特表达了不满，并在特斯拉 2021 年的影响力报告的开头大篇幅地提出了自己对于 ESG 的看法："当下的 ESG 评定很多都没有衡量企业对世界的正面影响，相反他们更多考虑的是风险回报。ESG 更应该成为一个衡量企业影响力的系统。而这一 ESG 的进步则需要机构投资者、评级机构、企业和大众一起努力，因为我们的世界更迫切需要一个可持续的、积极的影响。"[29]

此番评论不禁让人思考当下的 ESG 评价体系，除了在全球范围内推进普适标准以外，如何进一步改善现有的 ESG 评价体系，使其成为一个创造正向价值的体系，也是当下的一大挑战。未来，ESG 还会面对很多的挑战和质疑声，而经历过这一系列的考验后，ESG 评价体系也将最终在全球范围内逐步走向标准化。

---

[28] https://www.indexologyblog.com/2022/05/17/the-rebalancing-act-of-the-sp-500-esg-index/.
[29] https://www.tesla.com/ns_videos/2021-tesla-impact-report.pdf.

趋势 2　各个国家推出更多的本土化政策

"Glocalization"——全球本土化，放在 ESG 这波浪潮中理解，就是跟紧全球 ESG 的推广趋势，同时做好本土化适应和应用。在全球 ESG 标准趋同的趋势下，各国亦在不断探索国际标准本土化的问题。积极推动 ESG 本土化有助于企业打造自身 ESG 竞争力，以在未来的新时代更好地与国际对接。

美国与欧洲，作为全球 ESG 投资发展较早、体系建设较为完善，同时也是 ESG 投资占比最高的两个地区，通过对比，可以发现两者在 ESG 发展路径上存在明显差异。

美国的金融监管以信息披露为核心原则，通过建立一个比较完善的法律体系来监督、检查和控制投资者的行为，强调机构投资者在法律约束下的自律管理和自由经营。随着 ESG 投资策略越来越受到资本市场的推崇，美国 ESG 监管的政策法规也日渐完善，要求也趋于严格。美国政府拟定了支持政策，金融机构成立了专职部门，美国 ESG 法律文件的规约主体是从上市企业开始的，然后延伸到养老基金和资产管理企业，证券交易委员会等监管机构则为最后一步。通过制定 ESG 政策管理法规，对企业治理、证券市场监管、信息披露等方面提出严格规范的法律体系管控要求。但总体而言，美国的 ESG 发展偏向以市场发展优先、以自愿非强制为主要方式的 ESG 发展路径。

欧洲地区则以强政策引导，高度重视环境目标的 ESG 体系建设，出台并实施一系列较为严苛的限制性措施。《欧盟可持续金融分类方案》报告于 2019 年 6 月发布，是《欧盟可持续发展融资计划行动》的重要组成部分，将会成为欧洲金融领域新监管框架的制定基准，该《分类方案》欧盟还在持续公开咨询和修正之中。《分类方案》在可持续发展议程、《巴黎协定》以及欧盟的气候环境政策的基础上，要求相关经济活动要有助于实现六大环境目标：气候变化减缓、气候变化适应、海洋与水资源的可持续利用和保护、循环经济、废弃物防治和回收、污染防控、保护健康的生态系统。该《分类方案》以应对气候变化为首要目标，识别出七大类经济行业（农林渔业、制造业、电力、燃气、蒸汽和空调供应、水、污水处理、废弃物和修复、运输和储存、信息与通讯技术以及建筑）中的 67 项经济活动技术标准，将成为欧盟可持续金融发展的重要基础，有助于绿色金融在全球的主流化、制度化发展。[30]

---

[30] 资料来源：微信公众号"鲁政委世界观"（鲁政委为中国首席经济学家论坛理事，兴业银行首席经济学家）。

趋势 3 ESG 投资策略进一步升级

根据德勤金融服务中心（Deloitte's Center for Financial Services）的数据显示，2021 年全球专业组织管理的 ESG 资产占所管理总资产的近 40%，跃升至 46 万亿美元。预测到 2024 年，该项资产将达 80 万亿美元[31]。伴随着数量如此庞大的资金规模，ESG 投资策略势必做出改变。

具体来看，GP（General Partner，基金管理人）对于项目的 ESG 调查将会进一步严苛，ESG 投资将更注重尽职调查，GP 与企业管理层联系密切，也更适合和便于开展 ESG 投资。其中，GP 可以制定相关 ESG 筛选标准，进而影响该基金的所有 LP（Limited Partner，基金有限合伙人）。而 LP 虽然不能做出实质性影响具体投资决策，但可以影响决策过程。在另类投资[32] 市场中，LP 作为出资方，正在加快 ESG 整合的步伐，进而推动 GP 管理方开展 ESG 实践。据贝恩和 ILPA（Institution Limited Partner Association，机构有限合伙人协会）的联合调查，70% 的受访 LP 表示他们已经制定包含 ESG 方法的投资政策，其中有 85% 的 LP 已经完全或部分开始落地实施。

从一级市场的基金主题来看，近年来影响力投资、责任投资再一次兴起，并以聚焦可持续发展和 ESG 方面作为投资目标。

以 KKR（Kohlberg Kravis Roberts）集团[33] 为例，其四大策略完善了整体的私募股权投资体系，其中的全球影响力投资更是专注于投资美洲、欧洲、亚洲的机会，旨在通过投资有助于实现 SDG（Sustainable Development Goals，可持续发展目标）的中小型企业，产生类似私募股权的风险调整回报。自 2010 年以来，KKR 已经在其全球影响力投资基金下投资了共计约 72 亿美元，并覆盖了 SDG 17 个目标中的 11 个。比如说，KKR 在 2021 年投资了越南一家名为 EQuest 的教育企业，该公司旨在为越南的新兴中产阶级提供双语教育。通过该投资，KKR 实现了 SDG 中高质量教育的目标，因为提升英语能力是越南进一步走向全球化的重要因素[34]。

---

[31] https://mp.weixin.qq.com/s/w3ihEbhr_Nt1FH8U_7XWkA.

[32] 另类投资，是指投资于传统的股票、债券和现金之外的金融和实物资产，如房地产、证券化资产、对冲基金、私人股本基金、大宗商品、艺术品等，其中证券化资产包括以次级房贷为基础的债券以及这些债券的衍生金融产品。

[33] KKR 集团（Kohlberg Kravis Roberts & Co. L.P.，简称 KKR），中文名为科尔伯格·克拉维斯·罗伯茨集团，是老牌的杠杆收购天王，金融史上最成功的产业投资机构之一，全球历史最悠久和经验最丰富的私募股权投资机构之一。

[34] https://www.kkr.com/businesses/private-equity/kkr-portfolio?page=Global_Impact.

此外，伴随着全球可持续发展意识的进一步增强，ESG 正在吸引更多的大资金和"老钱"[35]，其中包括养老金、家族办公室、保险企业等。除去本书开篇所提到的挪威养老金，还有包括日本政府养老金投资基金（GPIF）。GPIF 是全球资产规模最大的养老基金，管理资产约 1.7 万亿美元，该基金要求所有的主动管理基金经理将 ESG 纳入其投资流程，100% 实现 ESG 整合。GPIF 最具特色的方法为投资 ESG 指数。从 2017 年至今，GPIF 一共四次宣布增加对 ESG 指数的投资，包括富时罗素、MSCI、标普全球 S&P、晨星旗下的一共 8 只 ESG 指数，投资额超过 11 万亿日元[36]。

对于家族办公室而言，ESG 投资策略也早已显现。以 Hermansen 家族办公室为例，这是一家在挪威已经有 166 年历史的家族办公室，在一次访谈中，Hermansen 中国区首席代表张鹏表示："在 Hermansen 看来，任何企业获得经济效益，都不能以牺牲社会效益和损坏环境为代价。所以，在家族办公室的投资决策会上，否决一个企业的关键原因很可能是工人的工作环境不符合 ESG 的长期理念，且暂时很难做出大幅改善，尽管这个因素在企业的财务报表上并不会有任何体现。"[37] 正是这种坚定执行可持续发展，ESG 投资理念的策略使其在 166 年的发展历程中穿越经济周期。

此外，当下可持续领域的投资术语也较为纷繁复杂，有可持续投资、ESG 投资、影响力投资、绿色金融投资等，这些概念之间常常较为模糊，互相关联。我们有理由相信，在未来，不管这些概念性的术语如何，其核心目标不会改变：**围绕 ESG 层面进行众多投资改革。ESG 投资的资产规模也将伴随着 ESG 理念在全球的推广进一步扩大，同时众多传统的投资策略也会结合新技术的发展更新迭代。**

---

[35] 老钱（Old Money），通常指家族几代人通过继承积累的财产，泛指上流社会的后代。
[36] https://cj.sina.com.cn/articles/view/5115326071/130e5ae7702001nkfd.
[37] https://new.qq.com/omn/20220127/20220127A03X9300.html.

趋势 4　ESG 成为企业的核心竞争力

由于 ESG 大环境的逐步成熟，外界对于企业的监督不仅局限于监管机构，也会包括投资方、股东、社会公众，以及社群。打铁还须自身硬，企业需要提升对 ESG 的重视程度和管理水平。

对于在 ESG 领域已有较好表现的企业，它们知道可持续发展工作并不是一蹴而就的，更多的，如同其字面意思，是一个持续的管理提升过程。

将 ESG 融入企业管理，不仅是完成立下的目标，而是深度融入其 DNA，而这也势必影响着未来的每一项商业决策，每一次兼并，每一次新品牌的设立。在这一次次运用可持续理念所引导的新商业发展的过程中，又形成了正循环，使得雪球在 ESG 的雪坡上越滚越大。

优秀的企业总会希望将这份优秀永存，并致力于持续的改进和提升。同时，通过在这一新领域的创新实践，新的企业"ESG 话语权"会逐步形成，并逐渐成为企业核心竞争力的一部分。在过去几年，几乎每一家创业企业都在尝试将自己和大数据、新科技结合起来。在未来，我们认为，企业也都会尝试将自己和 ESG 进行连接，打造出独特的核心竞争力和竞争优势。

趋势 5　ESG 人才的升级

全球范围内，原有的可持续发展专业人才将在新的 ESG 趋势下进一步升级。与此同时，他们也将面临第一批"ESG 学院派"的毕业生所带来的冲击。总体来看，ESG 领域在未来会更需要优秀的管理人才对企业进行迭代升级，同时也需要更多技术性人才来对 ESG 进行更精准的评判。

以 MSCI（Morgan Stanley Capital International，摩根斯坦利国际资本公司）为例，在其人才招聘的岗位分类中，ESG 单独成为一类，其招募的人才包括：ESG 研究实习生、ESG& 气候产品专家 / 实习生、软件工程师、Ruby 开发工程师、高级 Java 开发等[38]。在其对 ESG 研究实习生的岗位介绍中，要求该岗位的从业者快速了解全球 ESG 领域所发生的事件，收集整合各项信息，包括传统的金融风险、量化数据、法律法规、议题分析等。除此以外，该岗位对于学历和知识能力也有明确要求：偏好相关领域（包括经济、金融、可持续发展）的硕士 / 博士学位，对于相关市场的 ESG 及气候议题发展有全面认知，并具备较强的数据分析能力[39]。

以上仅是对于 ESG 研究实习生的岗位要求，对于更高职位的 ESG 专业人士，其岗位呈现出更多跨行业、跨专业、跨部门的复合型需求。由此我们看到，伴随着 ESG 的不断发展，结合新时代的企业管理理念，这一次的 ESG 人才升级也将为未来企业可持续发展带来新机遇。

---

[38] https://careers.msci.com/job-search-results/?keyword=ESG.

[39] https://careers.msci.com/job/17977918/esg-research-intern-beijing-cn/.

4.2 国内趋势

无论是"双碳"战略还是"推动高质量发展",ESG 与中国国家发展战略的关联度不断提升。在这样的政策背景下,越来越多的资金及项目正加速涌入这一赛道。从企业的角度看,龙头企业将继续发挥带头作用,一大批小企业或将借此机会弯道超车。在此趋势下,ESG 人才将迎来爆发式增长。

趋 势 ① 全面监管的时代来临

趋 势 ② ESG 与国家战略紧密关联

趋 势 ③ 大量资金涌入 ESG 领域

趋 势 ④ 龙头企业继续发挥带头作用

趋 势 ⑤ ESG 人才爆发式增长

趋势 1 全面监管的时代来临

中国的 ESG 监管体系主要由政府主导，涉及环境保护、工商、金融和税收等主要监管部门。自 2018 年国家机构改革后，生态环境部（原环境保护部）、应急管理局（原国家安监总局）、国家市场监督管理总局（原国家工商行政管理总局、原国家质量监督检验检疫总局、原国家食品药品监督管理总局）、中国证券监督管理委员会、中国银行保险监督管理委员会（原中国银行业监督管理委员会、原中国保险监督管理委员会）、中国人民银行等都从各自的职责范围对市场主体的 ESG 实践和投资进行监管。

中国内地近年来 ESG 相关政策

时间	2017年 12月	2018年 9月	2019年 12月	2020年
政策/监管举措	中国证监会正式颁布《公开发行证券的企业信息披露内容与格式准则第 2 号——年度报告的内容与格式（2017 年修订）》（以下简称准则第 2 号），准则第 2 号第五节第四十四条对"重点排污单位相关上市企业"的环境信息披露作出了明确规定，"重点排污单位之外的企业可以参照要求披露其他环境信息，若不披露的，应当充分说明原因"。	中国证监会修订的《上市企业治理准则》（证监会公告〔2018〕29 号）中特别增加了环境保护与社会责任的内容，其中第九十五条明确："上市企业应当依照法律法规和有关部门的要求，披露环境信息以及履行扶贫等社会责任相关情况。"该准则突出了环境保护、社会责任方面上市企业的引导作用，确立了 ESG 信息披露的基本框架。	中国证监会修改《非上市公众企业监督管理办法》《非上市公众企业信息披露管理办法》，明确挂牌企业信息披露的基本要求，董事、监事、高级管理人员履行职责的记录和保管制度纳入挂牌企业应披露的范围。	深交所陆续发布《深圳证券交易所上市企业规范运作指引（2020 年修订）》《深圳证券交易所上市企业业务办理指南第 2 号——定期报告披露相关事宜》（2020 年）。2020 年 9 月深交所修订《深圳证券交易所上市企业信息披露工作考核办法》，首提上市企业 ESG 主动披露，并考核相关责任履行的披露情况。

这一系列文件中规定，上市企业须以定期报告、临时公告等形式，对涉及重大环境污染问题的产生原因、对自身业绩和外界环境的影响、制定的解决措施等进行披露。由此可见，中国大陆地区对于 ESG 的监管和指导日渐完善。企业需将 ESG 工作放到未来发展的战略高度上，管控好 ESG 风险，避免因 ESG 违规事件给企业的经营和声誉带来负面影响。

中国内地近年来 ESG 相关政策

2021年 2月
中国证监会对已实施 15 年的《上市企业与投资者关系工作指引》进行了修订，发布《上市企业投资者关系管理指引（征求意见稿）》，对关于"进一步增加和丰富投资者关系管理的内容及方式"，特别强调：落实新发展理念的要求，根据新修订的《上市企业治理准则》要求，在沟通内容中增加企业的环境保护、社会责任和企业治理（ESG）信息。这是中国证监会首次在投资者关系管理指引中纳入 ESG 信息。

2022年 1月
上交所发布《关于做好科创板上市企业 2021 年年度报告披露工作的通知》，提出 ESG 信息应在科创板上市企业年度报告中披露，科创 50 指数成分企业则要在此基础上发布社会责任报告或 ESG 报告并予考核。

3月
科技创新局、社会责任局于 2022 年 3 月宣告成立，强调重点建立中央企业社会责任体系，推动和促进企业将 ESG 理念积极投入实践之中，并适应和引领 ESG 国际规则和标准的制定，以更好地促进可持续发展。

4月
中国证监会发布《上市企业投资者关系管理工作指引》正式稿，在梳理总结了近年来上市企业具体实践的基础上，对 2005 年 7 月发布的《上市企业与投资者关系工作指引》进行了修订和完善，增强了对上市企业投资者关系工作的强制力度，并明确了上市企业投资者关系合规性的依据和标准。

11月
中国上市企业协会发起成立 ESG 专业委员会，并在北京召开 ESG 专业委员会第一次工作会议，旨在全面贯彻新发展理念，构建新发展格局，落实碳达峰、碳中和战略目标，引导上市企业做好 ESG 相关工作。

案例：亚洲锂都环保风波调查

地处江西省西北部的宜春锂资源丰富，号称"亚洲锂都"。2021年，宜春的碳酸锂产量占全国产量的1/4以上，达到81 000吨，到2025年，宜春云母精矿和碳酸锂的产量预计将分别达到700万吨和50万吨以上。2022年11月，几家锂盐企业相继宣布暂停生产，其原因是发现锦江水质异常。2022年12月，政府发布通知，正在调查两家企业涉嫌逃避有关铊污染物排放的规定。随后，鞍重股份、康隆达先后宣布停止旗下锂盐子企业，该事件逐步引起社会广泛讨论。

据了解，铊可通过多种方式积累在人体中，毒性极大，甚至超过常见的铅和汞，具有致突变、致癌和致畸作用，可导致癌症等疾病的发生，极大威胁健康。深圳证券交易所也在2022年11月30日向其发送了关注函，要求永兴材料说明停产对企业生产经营的具体影响，预计复产时间等。12月9日，永兴材料发布公告，全资子企业江西永兴特钢新能源科技有限企业生产设施排查检修已完成，于2022年12月9日恢复生产。这次严重的环境污染问题，暴露出永兴材料等上市企业在ESG管理上的不足，同时也给其他上市企业敲响了警钟[40]。

相比之下，中国香港在ESG方面的监管发展得更早。早在2011年，中国香港就在欧美国家ESG实践影响下，对上市企业的ESG信息披露进行了探索，并于2012年面对在港上市企业首次发布了《环境、社会及管治报告指引》（以下简称《ESG指引》），倡导上市企业进行ESG信息披露，以促进香港资本市场对ESG理念的广泛认同，鼓励上市企业进行ESG信息披露。该指引列入香港联交所《上市规则》，并将ESG作为企业《建议披露》（即自愿披露）项目。自2012年出台《ESG指引》以来，香港联交所的ESG监管已经经历了由"最佳实践"建议的1.0时代，再到"建议披露"的2.0时代，来到了包含强制披露项的3.0时代。

---

[40] https://mi.mbd.baidu.com/r/14uUAW9H7c4?f=cp&u=cb8f2a4721f44f96.

2021 年 4 月，香港联交所发布《检讨〈企业管治守则〉及相关〈上市规则〉条文》，并强调于上市程序加入 ESG 机制的重要性，会相应检视招股章程中的 ESG 披露资料，为 IPO 申请人提供进一步的指引。

2021 年 11 月 5 日，香港联交所刊发了两份 ESG 资料[41]：

- 有关上市企业气候信息披露的指引性文件——《气候信息披露指引》；
- 全新的 ESG 教育平台——ESG Academy，为上市企业和相关市场参与者开展 ESG 工作提供指导。

结合中国两大资本市场 ESG 监管的发展趋势，我们认为，未来在 ESG 层面，监管机构会对企业提出更高、更广的要求。这会是一个循序渐进的过程，伴随着逐步完善的 ESG 要求和指引，在企业逐步将 ESG 元素纳入企业内部管理体系后，将迎来 ESG 全面监管的时刻。

---

[41] https://sc.hkex.com.hk/TuniS/www.hkex.com.hk/News/Regulatory-Announcements/2021/211105news?sc_lang=zh-CN.

趋势 2 ESG 与国家战略紧密关联

环境方面

从进一步增强国力,尤其在努力实现"双碳"目标的当下,过去的"金本位"已逐渐转化为"碳排放本位"。回顾历史,可以发现,新秩序的推出,最大的受益方往往是最先制定秩序的一方,以及最先将新秩序纳入规则的群体。

拥有碳排放权的国家制定规则,而没有碳排放权的国家只能遵守规则。未来势必将推出更多的 ESG 相关政策。

社会层面

中国对于社会层面的发展和进步一直都十分重视,从脱贫攻坚战的胜利,到共同富裕成为国家战略发展目标。在我们迈向下一个新发展阶段的当下,如何更好地平衡社会中的"利"与"义",就成为一个重要问题。全面高质量发展、乡村振兴、保就业等一系列以社会健康有序发展为导向的目标的推出,体现了国家对社会层面发展的重视。

企业治理层面

企业治理还涉及众多维度,包括员工权利、性别比例、工作时长等,针对一系列问题,国家都已推出相关政策予以规范。一方面,这样做有利于企业发展;另一方面,也是在为新生代创造良好的发展土壤。

趋势 3　大量资金涌入 ESG 领域

2020 年至今，中国 ESG 投资发展逐渐进入快车道。国内 ESG 基金规模和数量显著增加，ESG 投资主题基金 2020 年、2021 年数量同比增加 155%、121%。其中 2021 年全年 ESG 公募基金新发 ESG 产品达 62 只，超越此前四年的总和[42]。

同时，越来越多的中国资产管理机构开始签署联合国责任投资原则组织（UNPRI, The United Nations-supported Principles for Responsible Investment），截至 2022 年 8 月 24 日，中国共有 109 家机构签署了 PRI 原则，其中有 20 家服务供应商，4 家资产所有者，70 家投资管理机构。

在一级市场上，ESG 时代悄然到来，尤其是在受到疫情重创后，私募股权投资人开始了新的思考，影响力投资、责任投资、可持续发展理念等被越来越多的国内外投资者所认同。红杉中国创始人沈南鹏更是在 2022 年直接强调要加快绿色低碳科技革命，并且将 ESG 设为课题考核标准以引导研究关注环境、社会、可持续等影响[43]。

在实际投资中，LP（Limited Partner，有限合伙人，即基金出资方）和 GP（General Partner，普通合伙人，即基金管理方）的同时发力将会促进一级市场 ESG 理念的推进，例如，2020 年 12 月，亚洲投资银行承诺向资本管理的健康科技美元基金捐款，2022 年 9 月 23 日，它通过 Sinovation Disrupt Fund[44] 项目审查。亚洲投资银行认为，两个基金的 ESG 政策适用于亚洲投资银行的环境和社会政策（ESP, Environment Social Policy）和环境与社会标准（ESS, Environment Social Standard），这使基金参与实施可持续发展、社会责任投资和绿色金融的可能性加大。

随着"双碳"目标的提出，中国国际贸易促进委员会副主席张绍刚表示，到 2060 年实现碳中和需要约 136 万亿元的投资。除了公共投资之外，还必须引入大量社会资本，并更多地依赖市场发挥作用。全国碳市场规模预计将达到 3 000 亿元，这无疑是一片浩瀚的蓝海。这一系列投资不仅限于能源重组，还涉及经济、运输、材料、碳交易、碳市场等各个领域[45]。

综上所述，随着资本市场深化改革，一、二级市场的联动增强，我国未来 ESG 领域势必涌入更多的资金。

---

[42] 2021 年中国 ESG 发展白皮书，见 http://www.199it.com/archives/1430176.html。
[43] http://www.news.cn/2022-03/07/c_1128448432.htm。
[44] Sinovation Disrupt Fund 是亚投行旗下设立的一支聚焦数字基建与科技的基金，募资规模 7 500 万美元，参见 https://www.aiib.org/en/projects/details/2021/approved/China-Sinovation-Disrupt-Fund.html。
[45] https://baijiahao.baidu.com/s?id=1710071256608858076。

趋势 4　龙头企业继续发挥带头作用

为了更好地适应未来的 ESG 规则，优秀的企业会主动参与 ESG 管理实践，在 ESG 绩效表现的维度上，一些在业内不那么具有话语权的小企业，特别是初创企业，有了"弯道超车"的机会。提前做好准备，适应未来的规则，到时候才能临危不乱，打造出企业独特的竞争优势。

在国内，我们可以看到诸多龙头企业，诸如阿里巴巴、中国平安、万科、迈瑞医疗等，均已在 ESG 层面起到了先锋带头作用。阿里巴巴在 2021 年发行了 10 亿美元的绿色债券，全部用于支持 12 个 ESG 项目，其中 4.5 亿美元用于低耗能数据中心建设，3.5 亿美元用于建设绿色办公楼，其余用于"新冠"疫情的供应链援助和其他可持续业务[46]。阿里巴巴还承诺于 2030 年实现自身运营碳中和，并在 2035 年前带动集团生态累计减碳 15 亿吨[47]。

可以看到，ESG 正在不断为企业提供新的可持续发展思路，并为其输入源源不断的新能量。

---

[46] http://data.alibabagroup.com/ecms-files/1452422558/03715974-0072-4c9d-9904-ff2aa04081da.pdf.

[47] https://docs-src.alibabagroup.com/cn/news/article?news=p211217.

趋势 5　ESG 人才的爆发式增长

当所有 ESG 链条逐渐完善后，对应的人才需求也就涌现了出来。从企业的 ESG 负责人，到资产管理企业的 ESG 投研人员，到 ESG 评级机构，以及 ESG 咨询机构，这是一个关于 ESG 生态系统的升级，需要大量的 ESG 专业人才。

举例来说，首席可持续官（Chief Sustainability Officer, CSO）这一职务的设立，在海外已经有很多的例子，许多欧美大型跨国企业均设有此类职位，而在国内，目前此类职位还处于空白。部分企业会将 CSO 与 CFO（Chief Financial Officer，首席财务官）进行结合，因为企业内 ESG 工作与财务表现息息相关。

埃森哲的调查表明，"财务人员具备促成 ESG 结果的很多重要技能，例如监控和报告、风险管理和成本优化"。而设立此类职位的效果也十分显著，Epwin Group 高级独立非执行董事 Shaun Smith 称："CFO 负责监管环境、核对、汇报和管理财务信息，并且分配业务资源。CFO 对于掌握 ESG 信息、与内外部利益相关方合作制定并监控适当的目标负有全部责任。CFO 处于设定并推动组织的 ESG 策略的关键位置，致力于交付可持续的长期股东价值。"在这个升级的过程中，大量此前就职于第三方 ESG 机构的人员会进入企业，支持其进行 ESG 管理升级。同时，企业内部现有的高管，也急需学习 ESG 的理念，以将其融入不同部门的日常工作中。

劳动力市场的需求必然传导进入高校。未来高校将不再局限于 ESG 等绿色金融研究，而会设立新的专业，开设更多"ESG+"的跨专业课程，为 ESG 人才储备和发展做好准备。另外，不少企业也成立了内部的 ESG 研究部门/机构，例如，妙盈研究院是妙盈科技旗下的可持续发展智库研究院，专注研究可持续发展、气候变化、ESG、碳中和相关议题。

此外，市场也出现了 ESG 综合性平台，以长三角 ESG 与零碳研究院为例，该研究院是专注于 ESG 和碳中和议题的产、学、研一体化的沟通合作平台，通过专题研究、咨询服务、能力建设等不同渠道和形式推动 ESG 相关内容共创、研究成果分享和观点输出，帮助机构、企业理解 ESG，应对 ESG 大潮的挑战，并提供专业支持。

4.3 ESG 发展面临的挑战

挑战 1 缺乏标准的 ESG 评价和绩效体系

正如前文所提到的，不同国家、不同地区有着不同的 ESG 评价体系，不同 ESG 评价体系间的相关性是一个经常被提出的问题。缺乏统一的评价体系，这样的挑战要求我们作为企业经营和管理者在 ESG 战略规划和执行的过程中进行更加谨慎且全面的思考。

挑战 2 企业内部的 ESG 知识和资源匮乏

可以看到的是，企业内部的 ESG 知识和资源较为匮乏，无论是 ESG 人才还是内部 ESG 管理体系，都需要企业进行资源部署和投入。此外，由于资源的有限性，能否进行长期稳定的投入也是企业需要思考的问题之一。

另外，在何时进行 ESG 资源投入也是一个颇具挑战性的问题。对于即将上市或者计划进行融资的企业，尽早进行 ESG 资源投入将有助于其下一步的商业发展。若仅是在上市前开始 ESG 工作，未免略显延迟。ESG 工作需要一定的周期，从资源开始投入到真正产出 ESG 绩效，需要一段时间。我们应该未雨绸缪，提前进行 ESG 资源投入和工作部署，但究竟是在企业创立伊始，还是盈亏平衡之日，又或是发生重大问题时再进行投入，是一个值得思考却又没有标准答案的问题。

4.4 总结

诚然，当下对于 ESG 尚未形成一套全球统一的标准，对于现行的 ESG 评价体系、标准的评判众说纷纭。但有一点可以确定，企业的 ESG 管理改革已经踏上了"快车道"，无论是内生的还是外在的 ESG 需求，都在不断敦促着企业进行 ESG 管理提升。

万事俱备，只欠东风。在未来，ESG 报告可能会变得和企业年报同样重要，伴随着监管的进一步规范，以及各大金融机构的指引和资金的注入，各方对于 ESG 认知将进一步统一，企业将更有动力进行 ESG 管理提升。同时，企业的 ESG 影响力也将渗透到整个 ESG 生态系统中，推动创造更多的企业商业价值和社会价值。随着 ESG 工作的常态化，企业将迎来组织和业务的迭代升级，为自身，也为社会，创造更大的价值和影响力。

中资企业全球 ESG 竞争力打造的关键要素

从业务拓展到价值输出，中资企业拓展全球影响力，需要"做好标杆、交好朋友、讲好故事"。这需要在 ESG 工作之上，升级企业可持续发展战略框架，并把握三个关键要素，打造企业全方位可持续竞争力。

关键要素

1. 秉持可持续理念，打造多元、平等包容、长期主义的组织文化。

2. 以国际化为标，本土化为本。标本结合，提升本土化 ESG 升级。

3. 打造企业三大可持续发展生态平台。

可持续发展生态平台

人才平台
培养企业内部人才可持续发展能力与素质，吸引外部可持续发展人才加入。

社区平台
建立全球市场的社区伙伴网络，营造企业全球运营的友好和谐社区与公众关系，推动利益相关方交流。

投资平台
让产品、服务和技术创新顺应并成为应对可持续发展挑战的解决方案，吸引更多相关资源与投资。

中资企业要在短短几年的快速扩张过程中，完成跨国企业几十年甚至更长时间的三重底线历练，虽然有挑战，但基于过往行业经验教训的分析、新型科技、管理工具的开发，以及现有国际交互渠道的有效利用，是有可能在较短期间内打造出企业的 ESG 实力，并实现企业可持续发展。

中资企业在海外扩张过程中要内外兼顾，要特别关注全球范围所处的 BANI［Brittle（脆弱）、Anxious（焦虑）、Non-linear（非线性）、Incomprehensible（无法理解）］时代带给所有企业与个体的风险和挑战。更重要的是，中国企业要形成 ESG 集群优势，才能产生全球影响力。

由于 ESG 理念的不断推广和发展，相应的 ESG 生态系统也已逐步成型，我们在实践 ESG 的同时，也应积极利用各方面的 ESG 资源，去进一步优化企业的 ESG 改革，其中包括监管机构、评级机构、投资机构、咨询机构、高校等。

同时，这样的资源利用，又反过来促进被利用资源的升级，每一次调动 ESG 资源都是对现有 ESG 资源的一次测试，每次调动都将发现现有资源的不足，进而对资源本身的不足进行改善，形成一个正反馈，使得整个生态系统中的资源不断升级，营造出一个更好的 ESG 氛围，从而推动企业得以更好地进行 ESG 实践。

无论是中资企业还是外资企业，ESG 将是一个不断探索、调整和优化的过程。本书力图从"我"的视角与读者一起解析 ESG 演化与企业发展之间的关联。更重要的是，我们希望这本书能够陪伴每一位企业经营和管理者去探索商业与可持续发展之道，更好地应对企业可持续发展管理的挑战，创造更多超越商业的价值。

问 卷

作为本书作者,非常希望了解每一位读完这本书的读者对于 ESG 的看法是否依旧或会产生些许变化。烦请参与下面的小问卷,与我们分享反馈和思考,共同推进 ESG 在中国的发展。

翻开这本书之前,我想:

请勾选所有符合项	按认可程度打分
☐ 建立 ESG 工具包	1 2 3 4 5
☐ 提升公司 ESG 竞争力	1 2 3 4 5
☐ 助力我做 ESG 战略规划	1 2 3 4 5
☐ 设立公司的 ESG 部门	1 2 3 4 5
☐ 做好利益相关者管理	1 2 3 4 5
☐ 从 ESG 议题中找出新的商机	1 2 3 4 5
☐ 通过 ESG 降低潜在风险	1 2 3 4 5
☐ 了解 ESG 议题的背景和发展进程	1 2 3 4 5
☐ 探索更多可借鉴的 ESG 案例	1 2 3 4 5

翻过这本书之后,我得以:

重要 ESG 信息指引

机构	分类	内容	网址
GRI	ESG 信息披露规则	全球报告倡议组织（Global Reporting Initiative, GRI）是一个国际独立标准组织，制定了第一个全球性的可持续发展报告标准，帮助企业、政府和其他组织了解和沟通他们对气候变化、人权和腐败等问题的影响	https://www.globalreporting.org/
SASB	ESG 信息披露规则	SASB（Sustainable Accounting Standards Board）是一个非营利组织，旨在促进企业除了财务上的表现之外，也要揭露其对于该企业具有财务重大性（Materiality）的信息，包括企业在营运当中对于环境、社会资源、人力资源、企业领导力与企业治理和商业模式与创新等五大永续主题当中，与该行业具有必要性的指标	https://www.sasb.org/
CDP	ESG 信息披露规则	CDP（Carbon Disclosure Project）是一家总部位于伦敦的非营利组织，成立于 2000 年，致力于推动减少温室气体排放，保护水和森林资源	https://china.cdp.net/

机构	分类	内容	网址
UNDP	国际组织	世界上最大的技术援助多边机构，是总部设在纽约的联合国附属机构，向发展中国家特别是最低度开发国家提供技术咨询、培训和设备是其主要工作	https://www.undp.org/
UNPRI	国际组织	UNPRI 是与联合国环境计划（UNEP, United Nations Environment Program）合作的独立非政府倡议组织，亦为全球责任投资的主要推动机构，其成立的目的在于帮助投资人了解环境、社会、企业治理（ESG）层面在投资行为中扮演的重要角色，并协助与鼓励投资人将上述层面纳入投资考量因素，以提高投资收益、增加风险管控能力等	https://www.unpri.org/
SBTI	碳目标倡议	科学基础目标倡议（Science Based Targets initiative, SBTI）是 CDP、联合国全球契约、世界资源研究所（WRI）和世界自然基金会（WWF）之间的合作计划，它为企业提供一套能预算碳排放量的工具，助力减排目标能够与《巴黎协定》所追求的目标保持一致	https://sciencebasedtargets.org/

主要参考文献

[1] 2021 Amazon Sustainability Report, https://sustainability.aboutamazon.com/2021-sustainability-report.pdf.

[2] 2021 CocaCola Business, Environmental, Social and Governance Report, https://www.coca-colacompany.com/reports/business-environmental-social-governance-report-2021.

[3] 2021 IKEA Climate Report, https://gbl-sc9u2-prd-cdn.azureedge.net/-/media/aboutikea/newsroom/publications/documents/ikea-climate-report-fy21.pdf?rev=1f887c6a9dc948f18e20cd378983a1a8.

[4] 2021 IKEA Sustainability Report, https://gbl-sc9u2-prd-cdn.azureedge.net/-/media/aboutikea/newsroom/publications/documents/ikea-sustainability-report-fy21.pdf?rev=6d09c40ec452441091b10d9212718192.

[5] 2021 McKinsey ESG Report Accelerating Sustainable and Inclusive Growth, https://www.mckinsey.com/spContent/bespoke/esg-pdf/pdfs/in/McKinsey_2021_ESG_Report_VF.pdf.

[6] 2021 Mindray Sustainability Report, https://www.mindray.com.

[7] 2021 Sustainability Bond Allocation and Impact Report, https://data.alibabagroup.com/ecms-files/1452422558/03715974-0072-4c9d-9904-ff2aa04081da.pdf.

[8] 2021 Tencent Environmental Social and Governance Report, https://static.www.tencent.com/uploads/2022/04/16/56e61654efa69f7503f997520a8f2766.pdf.

[9] 2021 Tesla Impact Report, https://www.tesla.com/ns_videos/2021-tesla-impact-report.pdf

[10] 2021 Vanke Sustainability Report, https://www.vanke.com/upload/file/2022-04-12/90129859-1be1-43c4-a10a-2a90bbe673eb.pdf.

[11] 2021 年中国 ESG 发展白皮书，http://www.199it.com/archives/1430176.html.

[12] 2022 Generation Z Group Research Report, http://199it.com/archives/1642480.html.

[13] ESG Integration Statement, https://www.blackrock.com/cn/literature/publication/blk-esg-investment-statement-web.pdf.

[14] Fatemi, A., Glaum, M., & Kaiser, S. ESG performance and firm value: The moderating role of disclosure[J]. Global Finance Journal, 2018(38): 45–64.

[15] Friede, G., Busch, T., & Bassen, A. ESG and financial performance: Aggregated evidence from more than 2000 empirical studies[J]. Journal of Sustainable Finance & Investment, 2015, 5(4): 210-233.

[16] Gillan, S. L., Koch, A., & Starks, L. T. Firms and social responsibility: A review of ESG and CSR research in corporate finance[J]. Journal of Corporate Finance, 2021, 66, p101889.

[17] Implied Temperature Rise Methodology Summary, https://www.msci.com/documents/1296102/0/MSCI+ESG+Ratings+Methodology+-+Exec+Summary+Dec+2020.pdf/9c54871f-361d-e1ff-adc7-dfdee299dfb3?t=1607501860114.

[18] Krueger, P., Sautner, Z., Tang, D. Y., & Zhong, R. The Effects of Mandatory ESG Disclosure around the World, https://doi.org/10.2139/ssrn.3832745.

[19] MSCI China ESG Leaders Index, https://www.msci.com/documents/10199/78514cc5-a16d-493a-9774-af1012aa0420.

[20] MSCI ESG Ratings Methodology, https://www.msci.com/documents/1296102/0/MSCI+ESG+Ratings+Methodology+-+Exec+Summary+Dec+2020.pdf/9c54871f-361d-e1ff-adc7-dfdee299dfb3?t=1607501860114.

[21] Pagitsas, C. Chief sustainability officers at work: How CSOs build successful sustainability and ESG strategies, https://doi.org/10.1007/978-1-4842-7866-6.

[22] Research 2022 ESG Themes Road Survey Slideshow, https://www.cib.barclays/content/dam/barclaysmicrosites/ibpublic/documents/our-insights/ESG10trends2022/Research-2022-ESG-Themes-

Road-Survey-Slideshow.pdf.

[23] Sustainability Counts, https://www.pwc.com/gx/en/about/pwc-asia-pacific/sustainability-counts.html.

[24] 双碳目标下的中国青年可持续消费研究报告，https://www.iyiou.com/research/20220504996.

[25] 海外 ESG 基金投资案例之欧洲篇，https://hibor.com.cn/repinfodetail_1545853.html.

[26] 碳足迹核算：中国中小企业 (SME) 碳报告工具用户指南，https://www.digitalelite.cn/h-nd-3879.html.

主创团队简介

长三角 ESG 与零碳研究院于 2021 年成立。自成立以来，联合不同合作伙伴，在 ESG 政策法规分析、碳中和管理、企业气候变化风险管理、价值链气候韧性、供应链 ESG 风险管理、金融机构助力碳中和、责任供应链与 ESG 目标管理结合、可持续制造等多个议题上进行了深入研究，并通过书籍、公众号、直播、线上课程、咨询、论坛、活动等不同渠道和形式进行 ESG 相关内容共创、研究成果分享和观点输出，帮助机构、企业理解 ESG，应对 ESG 大潮下面临的挑战。

研究院专注构建 ESG 知识体系，出版了 ESG 教材《ESG 理论与实务》，已获得多方认可，未来研究院将持续拓展在 ESG 领域的学术研讨和行业研究的覆盖面，搭建 ESG 整体管理框架，全面促进区域、行业、企业层面 ESG 知识体系的搭建和管理水平的提升，构筑专注于 ESG 和碳中和议题的产、学、研一体化的沟通合作平台，高效助力长三角一体化高质量发展。

BETTERPARTNERS

BetterPartners 由叶律志先生于 2011 年创立,专注于影响力投资和咨询,主要关注医疗大健康、可持续发展、ESG 和文化领域。自创立至今,与投资机构和平台、社会企业、政府和学术单位紧密合作探索,以更具战略性、共创性、结果导向性的专业服务与多元资源,赋能影响力生态圈和举措。

BetterPartners 的影响力投资业务主要包括面向早期的股权投资和影响力孵化,为初创企业及投资人提供全流程的影响力投资服务,同时,BetterPartners 打造 **Impact Lab for Culture & Lifestyle**,致力于探索多元可能性,以期建立人文与永续发展的基石;影响力咨询业务主要关注医疗商业创新、可持续及 ESG 管理领导以及青年影响力社群,并于 2022 年成功推出 **GAINS**(Young Generation in Asia of Initiatives and Networks for Sustainability)青年网络,不断探索在青年群体中的影响力实践。

BetterPartners 也是亚洲公益创投网络(Asian Venture Philanthropy Network,简称 AVPN)的会员,持续与 AVPN 平台共同推动金融、人力、智力资本向社会领域流入,并催化慈善和社会投资领域朝着更有战略性、合作性、以结果为重的方向发展,确保资源能够在投资的全领域得到最有效的实施。

Sustainability & Social Impact Partners
紫竹社会责任联盟

　　为了推动紫竹国家高新区各企业积极履行企业社会责任及营造园区公益氛围，紫竹国家高新区于 2016 年 8 月 26 日成立"紫竹国家高新区企业社会责任联盟"，2021 年更名为"紫竹社会责任联盟"（Sustainability and Social Impact Partners），并由上海紫江公益基金会担任首届主席，目前联盟共有 37 家单位。联盟通过编写高新区可持续发展报告，举办 ESG 论坛活动，探讨 ESG 发展趋势，组织开展优秀 ESG 案例的经验分享和交流学习活动，建立联盟内的社会责任工作机制，践行高新区"生态、人文、科技"的发展理念。以微软、英特尔、可口可乐等在社会责任方面有领先实践经验的优秀企业为主导标杆，逐步扩大影响力，引领更多企业加入履行社会责任的行列。以联合企业力量，倡导将 ESG、可持续发展、绿色低碳、科技向善等责任理念融入企业日常运营管理中，推动中国企业社会责任事业发展为目标，以提升高新区企业争做优秀企业公民意识，促进企业积极履行社会责任为使命，从而达到宣传理念、交流合作、公益事业、会员服务、信息共享等目的。联盟作为一个企业履责平台，汇聚各界力量，推动、引领更多的企业履行自己的社会责任，引导企业诚信经营，创造阳光利润。

主创人员简介

符翀 /Helen Fu
主编，联合作者

长三角 ESG 与零碳研究院创始人
企业 ESG 与可持续发展、供应链管理专家
瑞典研究院可持续发展管理项目（SIMP）亚洲学者

符翀女士是企业 ESG 与可持续发展管理资深专家，曾任职于多家世界五百强跨国企业，并担任可持续发展高级管理职位。在超过 20 年的职业生涯中，她对多个行业涉及的社会与环境议题有广泛而深入的了解，曾主导过多个跨国、跨区域的商业与可持续发展结合项目，对企业 ESG/可持续发展管理、多利益相关方沟通、跨国负责任采购和供应链管理有丰富而多元的管理经验。符翀女士还拥有超过 15 年的公益慈善项目支持和推广经历，是许多公益慈善项目的长期支持者和合作伙伴。

多年来，作为活跃的演讲者、分享者和讲师，符翀女士持续参与各类行业论坛、研讨会和讲座，致力于提升社会公众的可持续发展意识，推动不同行业的可持续发展创新和转型，促进商业与可持续发展议题的融合，打造企业可持续发展竞争力。

在 2021 年，她发起并领导项目团队出版了《ESG 理论与实务》一书，作为中文 ESG 知识普及教材，该书获得了多方认可，并于 2022 年荣获《南方周末》第十四届中国企业社会责任年会 Top5"年度 ESG 研究"奖，以及向光奖"年度学术研究 Top10"奖项。

符翀女士持有复旦大学管理学院－挪威 BI 商学院国际工商管理硕士学位，目前就读于上海交通大学安泰经济与管理学院－新加坡管理大学国际工商管理博士项目。

叶律志 /Mark Yeh

联合作者

BetterPartners 创始人
亚洲公益创投网络东北亚区负责人

  叶律志先生拥有丰富且多元的世界五百强跨国企业、新创公司、管理咨询、影响力投资、NPO 等从业经验，包括企业战略与规划、绩效提升、销售及市场管理、组织变革、数字化创新等。他致力于私营领域和公共领域的战略执行和创新实践，并于 2011 年创立 BetterPartners，专注于影响力投资和咨询。从创立至今，他带领 BetterPartners 投资及赋能有效且可持续的影响力举措，驱动影响力生态圈的发展和创新举措的落地，主要关注可持续发展、ESG、医疗大健康及文化领域。

  叶律志先生现在担任亚洲公益创投网络（Asian Venture Philanthropy Network，简称 AVPN）东北亚区负责人，推动金融、人力、智力资本向社会领域流入，并催化慈善和社会投资领域朝着更有战略性、合作性，以结果为重的方向发展，确保资源能够在投资的全领域得到最有效的实施。

  叶律志先生积极参与社会企业孵化及赋能项目，各类行业论坛、研讨会、国际交流活动等，致力于提升社会公众的意识，推动及赋能不同利益相关方有效的探索影响力。他曾撰写《斯坦福社会创新评论》杂志的封面故事"影响力投资在中国"，并受哈佛亚洲商业论坛的邀请，参与"影响力投资与社会企业"分论坛。

  叶律志先生持有凯洛格商学院–港科大高级工商管理硕士学位（EMBA）、日本庆应大学工商管理硕士学位（MBA），曾于 2019 年入选 AVPN 影响力投资学者。

张凯 /Alfie Zhang
联合作者

紫竹国家高新区社会责任联盟负责人
Linkpact 发起人
瑞典研究院可持续发展管理项目（SIMP）亚洲学者

张凯先生多年来关注可持续发展与 ESG 领域，目前在紫竹国家高新区社会责任联盟（Zizhu Sustainability & Social Impact Partners）担任负责人，主要负责紫竹高新区的社会责任与可持续发展工作，致力于打造"全球可持续发展典范园区"。他同时负责机构组织管理与项目运营。参与管理与发起的项目有：上海交通大学上海高级金融学院紫江学科发展基金、紫竹国家高新区社会责任联盟、TEDx 紫竹社区、Linkpact 可持续发展平台、紫竹可持续发展论坛等。以"2030 联合国可持续发展目标 SDGs"为使命，以"创新管理与 ESG 的深度融合"为目标，面向如微软、英特尔、可口可乐、埃克森美孚等世界五百强企业提供与可持续发展相关的咨询服务，助力于将可持续发展理念融入企业商业战略中。

张凯先生与联合国、世界银行、各国使领馆、知名基金会、国际高校等机构组织保持良好的合作关系，参与发起一系列项目，如编写国家级高新区中首本《社会责任工作手册》，参与制定全国高新区首个"可持续发展与责任教育"课程，同时支持联合国 UNESCAPE 发起的亚太城市创新大赛 Citypreneurs 等。

张凯先生持有上海交通大学高级金融学院的金融财务国际高级工商管理硕士学位，曾入选"联合国可持续发展目标亚太青年领袖""达沃斯世界经济论坛全球杰出青年"，2018 年担任联合国 UNESCAPE 亚太城市创新大赛 Citypreneurs（首尔总决赛）评委，入选 2020 年"福布斯中国 30 岁以下精英榜"（Forbes 30 Under 30）和 2021 年"Tatler Asia 亚洲新生代榜"等。

张晖 /Roy Zhang
特别内容贡献者

中国欧盟商会企业社会责任奖评审委员会专家
国际商业传播师协会认证传播师
瑞典研究院可持续发展管理项目（SIMP）亚洲学者

张晖先生是可持续发展和企业社会责任领域资深专家，历任该领域世界五百强企业中国、亚洲和国际市场区域高级管理岗位，在可持续发展、CSR、ESG、沟通传播、公益慈善等领域拥有超过 18 年专业经验和积累。此外，张晖先生还曾担任联合国艾滋病规划署（UNAIDS）、联合国开发计划署（UNDP）和国际劳工组织（ILO）驻华机构技术与资源协调顾问，进博会工信部千家责任报告专家评委，欧盟、伯尔基金会和中国国际民间组织合作促进会《NGO 企业沟通指南》专家，连续 7 年担任中国欧盟商会（上海）企业社会责任论坛主席及副主席，并应邀作为中欧商学院、清华大学、复旦大学等国内国际 MBA 课程与项目在企业社会责任与公益领域的客座讲师与分享嘉宾。 张晖先生持有西交利物浦大学国际商务与全球事务硕士学位。

彭一然 /Hanson Peng
项目团队成员

BetterPartners Associate
GAINS（Young Generation in Asia of Initiatives and Networks for Sustainability）联合创始人

彭一然先生曾就读于康奈尔大学 Dyson 商学院并获得应用经济与管理学硕士（可持续商业与经济政策方向）。他拥有丰富且多元的金融领域经验，包括一级市场股权投资、二级市场股票 / 交易等，长期关注可持续发展领域的议题及投资机会，主要关注"双碳"以及 ESG 两大领域。

卢皓荣 /Lawrence Lu
项目团队成员

《ESG 理论与实务》联合作者

卢皓荣先生曾就读于宾夕法尼亚大学并获得环境研究硕士学位。

卢皓荣先生在企业可持续发展战略、绿色金融、气候风险管理和环境、社会和企业治理（ESG）等领域拥有丰富的学术和工作经验。多年来，曾为多家大型企业及金融机构提供 ESG 战略、碳中和、绿色金融等咨询服务，帮助企业制定可持续发展战略、碳减排行动计划等，并协助金融机构完成气候风险评估、开展绿色金融规划等工作。另外，他也是美国环保协会（EDF）"气候拓新者"项目成员，在此期间为宜家（IKEA）进行中国绿色供应链项目调研，并启动供应链环境风险控制项目。

主创人员简介 | 107

沈苏蕾 /Caroline Shen
项目团队成员

沈苏蕾女士拥有超过 20 年的供应链可持续发展工作经验。她曾经组织并参与系统性地企业治理和品牌建设工作，致力于将可持续发展与企业实际业务相结合，打造可落地的可持续发展项目。作为循环经济专家，她曾帮助品牌打造循环经济供应链，熟悉并了解各主要原材料回收供应链及相应的风险，能够帮助企业尽早降低或规避风险。她作为公益项目管理专家，曾主持国际知名品牌中国区社会公益项目，擅长利用供应链优势打造公益项目，塑造品牌形象。她还是管理体系专家，曾参与地区性和品牌内部管理标准制订工作，熟悉各类社会责任体系及追溯性体系。

龙湛斐 / Carol Long
项目团队成员

Linkpact 联合发起人
跨国公司可持续发展经理
TEDx 联合策展人

龙湛斐女士拥有多年的企业可持续发展专业从业经验，毕业于法国国立工艺学院（CNAM）管理学可持续发展与全面质量管理专业，长期关注企业层面的可持续发展战略，在社会创新和社会责任领域也有建树。龙湛斐女士同时还担任 TEDx 联合策展人，其管理的项目遍布全国 28 个省市，多次荣获商界和可持续领域认可，曾参与法国里昂商学院美好商业中心的组建，对商业向善、社会创新及社会企业生态圈亦有深度研究。她同时还是 LEED 绿色建筑认证专家，致力于可持续发展理念的前沿实践和推广。

李子君 /Leona Li
项目团队成员

TEDxYouth @ ZizhuPark 联合发起人

李子君女士作为国际院校教师，参与制定全国高新区首个"可持续发展与责任教育"课程，并撰写《青年影响力可持续发展课程报告》。所著文章《我对学生英语阅读的建议》曾被《人民日报》、新华网等转载，阅读量超10万。同时，她作为TEDx联合策展人，曾组织发起面向青少年的TEDxYouth @ ZizhuPark 社区，策划并举办历届TEDxYouth 年度大会，致力于向青少年传播科技创新及社会责任理念。

丁茜茜 /Qian-Qian Ding
项目团队成员

Linkpact 联合发起人
国际奢侈品牌亚太区品牌经理

丁茜茜女士是品牌营销专业经理人、广告与传播学专家，从业10余年，专注于内容创作、艺术指导、品牌营销及大众消费升级领域，为多个品牌全方位定制发展营销策略指导。先后服务于全球头部时尚媒体集团Hearst Corporation、奢侈品集团Richemont 及一众国际一线品牌。热爱户外运动和探索自然，一直关注生态环保与可持续发展领域，致力于推广可持续时尚和时尚企业行业社会责任发展。创立可持续生活方式平台with DUST，成为Linkpact 联合发起人及成员，撰写《青年影响力可持续发展课程报告》，并在国际院校中推广青年可持续发展计划。

刘亚娟 /Yajuan Liu
项目团队成员

紫竹高新区可持续实验室负责人
《下一站，社企？》作者

　　刘亚娟女士毕业于同济大学并获得教育学硕士学位，多年来专注推动可持续发展教育，深度参与学校、企业、社会组织的可持续发展事业。入选"SEED 中美社会创新 Fellow""福布斯中国 30 岁以下精英榜""Tatler Asia 亚洲新生代榜"。目前，她在紫竹国家高新区与团队共同推动可持续园区建设，主持多个项目，搭建紫竹可持续实验室等平台推动产学研协同，助推可持续发展目标的实现。

图书在版编目(CIP)数据

一小时搞懂 ESG：应对企业可持续发展管理的挑战/符翀,叶律志,张凯编著.—上海：复旦大学出版社,2024.1(2024.1 重印)
ISBN 978-7-309-16951-5

Ⅰ.①一…　Ⅱ.①符…②叶…③张…　Ⅲ.①企业-投资管理-研究　Ⅳ.①F275.1

中国国家版本馆 CIP 数据核字(2023)第 153469 号

一小时搞懂 ESG：应对企业可持续发展管理的挑战
YIXIAOSHI GAODONG ESG：YINGDUI QIYE KECHIXU FAZHAN GUANLI DE TIAOZHAN
符　翀　叶律志　张　凯　编著
责任编辑/鲍雯妍

复旦大学出版社有限公司出版发行
上海市国权路 579 号　邮编：200433
网址：fupnet@fudanpress.com　http://www.fudanpress.com
门市零售：86-21-65102580　　团体订购：86-21-65104505
出版部电话：86-21-65642845
上海丽佳制版印刷有限公司

开本 787 毫米×960 毫米　1/16　印张 7　字数 133 千字
2024 年 1 月第 1 版
2024 年 1 月第 1 版第 2 次印刷

ISBN 978-7-309-16951-5/F·3004
定价：129.00 元

如有印装质量问题,请向复旦大学出版社有限公司出版部调换。
版权所有　　侵权必究